가슴성형
1만케이스의
법칙

목차

프롤로그. 15년간의 가슴성형 1만 케이스의 법칙 전격 대공개! ········· 6

사례1. 흉터 걱정 때문에 망설였던 20대 여성,
　　　 겨드랑이 절개 가슴 확대 수술 이야기 ········· 11

　1-1 가슴성형보형물 종류 어떤게 있을까요? ········· 14

사례 2. "저 같은 가슴도 수술이 되나요?"
　　　 무너진 자신감을 되찾은 재수술 후기 ········· 19

　2-1 40kg마른체형 A컵 수술은 어렵지 않나요? ········· 23

　2-2 가슴보형물이 수술완성도에 중요한 영향을 끼치나요? ········· 25

사례3. 15년 전 수술로 인한 구형구축, 겨드랑이 절개로 재수술에 성공하다 ········· 28

　3-1 구형구축은 누구나 생기는걸까요? ········· 30

　3-2 가슴재수술을 또 겨드랑이로 한다고요? ········· 35

사례4. 보형물 교체와 비대칭·사이즈 개선까지 30대 여성 재수술 성공 사례 ········· 37

　4-1 가슴수술 병원, 의사 선택전 알아야할 3가지는? ········· 40

　4-2 가슴 성형 10년후,
　　　 보형물 교체를 위한 가슴재수술을 하라는 진짜 의미 ········· 42

사례5. 유방 합체증 재수술 사례_ 겨드랑이 절개만으로 완벽 개선하다 ········· 45

　5-1 가슴 성형 수술 후 피주머니를 꼭 해야하나요? ········· 47

　5-2 흉터는 줄이고, 만족도는 높이고 -겨드랑이 절개수술의 비밀 ········· 49

사례6. 흉터 없이 예전 몸매로! 출산 후 엄마의 가슴성형 성공기 ········· 52

　6-1 가슴성형, 흉터가 많이 남지 않을까요? ········· 54

　6-2 가슴수술후 주의사항 이건 무조건 알고 계셔야 합니다! ········· 57

사례7. 그토록 원하던 아이라인 가슴골을 겨드랑이 절개 수술로 만들다 ·········· 60

7-1 고속도로 가슴골, Y골 피하고 싶은 사람은? ·········· 62

7-2 여름에는 가슴성형 절대로 하지마라? ·········· 67

사례8. 원데이 겨드랑이절개 수술로 업무에 지장없이 빠르게 회복했어요 ·········· 70

8-1 가슴수술, 당일에 퇴원 가능할까요? ·········· 74

8-2 가슴성형 회복기간 A to Z ·········· 76

8-3 매년 바뀌는 가슴성형트렌드, 올해 가슴성형 트렌드는? ·········· 80

**사례9. 애니메이션 현상 예방과 환자 만족을 극대화시키는
삼중평면법 가슴 성형** ·········· 82

9-1 애니메이션현상을 예방할 수 있는 삼중평면법 ·········· 85

9-2 가슴성형 직후 자주 하는 질문 5가지 ·········· 88

사례10. 지방이식 후 아쉬움, 보형물로 다시 찾은 자신감 ·········· 92

사례11. 내몸에 맞는 사이즈로, 축소수술로 찾아온 일상의 편안함 ·········· 95

11-1 처진가슴 수술로 끌어올려볼까?! ·········· 98

11-2 가슴 축소술과 거상 수술의 차이점은 무엇인가요? ·········· 102

사례12. 애니메이션 현상을 삼중평면법으로 교정하다. ·········· 105

12-1 가슴성형부작용 예방 및 해결 방법 ·········· 107

12-2 한 듯? 안한 듯, 내가슴처럼 보이기 위한 수술법 ·········· 109

부록. 박영지 원장 ·········· 113

13-1 가슴성형보형물, 삽입은 위치빨!? ·········· 113

13-2 "여기 혹시 캡슐러티스 사용하나요?" ·········· 116

13-3 반드시 확인하세요. 밑선 절개 가슴수술 후 주의사항! ·········· 118

13-4 가슴수술흉터, 고민을 해결해 드립니다! ·········· 121

부록. 박해연 원장 ·········· 124

14-1 여성 성형외과 전문의가 바라본 가슴성형 ·········· 124

에필로그. - 진짜 아름다움을 찾는 여정을 마치며 ·········· 128

가슴성형
1만케이스의 법칙

프롤로그.
15년간의 가슴성형 1만 케이스의 법칙 전격 대공개!

제가 서울대병원 성형외과 임상강사를 그만두고 개인병원을 개원한지 올해로 22년이 되었습니다. 개원 초기에는 저의 전문분야를 확실하게 정하지 못해서 눈, 코성형이나, 지방 흡입, 체형 성형과 같은 다양한 모든 성형수술을 다 진행했었습니다. 그렇게 몇 년간 모든 성형 수술을 진행할 수 있는 성형외과 개원의로서의 경력을 쌓아가던중,수술 도중 출혈이 생기는 걸 극도로 싫어하고 꼼꼼하게 살펴보는 저의 성격과가슴 성형의 민감하고 세심한 수술 기법을 필요로하는 부분에서 잘 맞다는 걸 발견하고, 저의 전문 분야로 가슴 성형을 진료방향으로 정한지 이제 15년이 넘어가고 있습니다. 그렇게 한 분야에 매진을 하면서 진행한 가슴 성형 횟수가 벌써 1만 케이스가 넘는 것 같습니다. 특히 저는 가슴 성형을 위한 절개 방법 중에 밑선 절개 수술법은 시행하지 않고 오직 겨드랑이 절개법으로만 진행해 왔기 때문에 그 1만 케이스의 가슴 성형 수술이 모두 겨드랑이 절개법을 이용한 수술이라는 점에 특별함이 있다고 할 수 있습니다. 겨드랑이 절개법은 흔히 회복이 더디고 많이 아프다는 단점이 있다고 하지만, 많은 수술 경험을 통해서 이러한 단점을 극복하고 무엇보다도 흉터가 기존 겨드랑이 주름에 가려 잘 보이지 않는다는 큰 장점이 있기 때문에 가슴 성형 중에서도 만족도가 가장 높은 방법입니다.

1만 시간의 법칙이라는 말이 있습니다. 1만 시간의 법칙은 특정 분야에서 전문가가 되기 위해 최소 1만 시간의 집중적 훈련이 필요하다는 개념입니다. 이는 1993년 앤더스 에릭슨의 연구에서 바이올린 연주자들의 실력 차이를 분석하며 처음 제시 되었고, 말콤 글래드웰의 저서 <아웃라이어>를 통해 대중화 되었습니다. 말 그대로 한 분야의 전문가가 되기 위해서는 최소 1만 시간 이상의 시간을 그 분야에 투자해야만 그 분야의 전문가가 될 수 있다는 개념입니다. 특히 가슴 성형은 수술의 난이도가 높고 다양한 케이스가 존재하기 때문에 저는 1만 시간이 아닌 1만 케이스 정도의 수술 경험을 쌓아야 진정한 전문가라고 할 수 있다고 생각합니다.

저는 하루에 가슴 확대 수술을 편안하게 진행 할 수 있는 적절할 수술케이스가 대략 3케이스정도라고 생각하기 때문에 가급적 하루에 3건의 가슴 확대 수술만 진행하는 것을 원칙으로 하고 있습니다. 물론 연휴를 이용해서 수술하시려는 분들이 많은, 특정한 시기에는 조금 더 늦은 시간까지 더 많은 수술 케이스를 진행하기도 하지만, 하루에 3케이스라면 한달에 대략 60케이스 정도이고, 일년이면 대략 700케이스, 그렇게 10년을 부지런히 수술을 해야 7천 케이스를 경험할 수 있습니다. 하루에 수술이 3건이 다 이루어지지 않는 시기도 있기 때문에,제가 가슴 수술만을 전문으로 한지 이제 15년이 넘어가는 시점에서 개인 병원 개원후 지금까지 22년간 시행한 가슴 수술 케이스들을 모아보니 이미 1만 케이스를 넘어 가는 경험이 쌓여 있음를 알 수 있었습니다.

저는 지금까지 가슴 성형을 전문으로 하면서 단 한번의 밑선절개 가슴확대 수술을 진행하지 않고,모든 수술을 겨드랑이 절개를 통해서만 수술을 진행하면서 다양한 조건의 신체조건과 부작용 사례들을 겨드랑이 절개를 통해서만 해결해 왔습니다. 이러한 다양한 조건과 문제점에 대한 겨드랑이 절개법을 이용한 적절한 해결책을 제시하고 시행할 수 있는 수술 술기를 완성하기 위해 쉽게 접근할 수 있는 밑선 절개를 시행하지 않고 조금 더 어렵지만 만족도 높은 겨드랑이 절개만을 고집하고 있습니다.

최근들어 가슴 성형을 하시는 분들의 연령대 폭도 상당히 넓어지고 있습니다. 요즘에는10대 후반부터 많게는 60대까지도 가슴성형을 위해 병원을 방문하고 있습니다. 가슴성형은 여성으로서의 정체성을 극대화 시켜주면서 여성으로서의 자신감을 높여주는 가장 만족도가 높은 성형수술입니다. 운동과 식이요법, 또는 위고비와 같은 약물치료를 통해서 아무리 몸매를 가꾸려고 노력해도 가슴 크기와 모양은 개선이 불가능하기 때문입니다.

저의 개원의로서의 22년을 되돌아보면, 가슴 성형을 하게 될 때 꼭 확인하셔야 할 점들이 몇가지 있다고 생각됩니다.첫 번째, 의료진의 경력입니다. 가슴 성형은 환자의 가슴 성형에 대한 본인의 니즈도 중요하지만 기존에 가지고 있는 본인의 흉곽사이즈와 모양, 그리고 가슴의 처진 정도와 비대칭의 유무, 가슴 밑선의 모양과 비대칭의 정도 등을 전체적으로 고려해서 어떤 형태의 보형물을 어느 정도의 크기로 사용할지를 의료진이 잘 판단해야 합니다. 따라서가슴 성형은 수술자의 경력과 경험이 정말 중요한 수술이라고 할 수 있습니다. 이러한 수술 실력과 미적인 감각이 하루아침에 만들어지는 것은 아닙니다. 보형물에 대한 이해도도 높아야 하고 사례별 경험도 풍부해야 환자도 만족스러운 결과를 얻을 수 있습니다. 그렇기 때문에 가슴 성형 수술은 경험이 많고 전문성 있는 의료진에게 수술을 받는 것이 더 만족스러운 결과를 얻을 확률이 높다고 말할 수 있습니다.

두번째는 가슴 확대 수술 절개 부위에 대한 숙련도 입니다. 일반적으로 가슴 확대 수술을 위한 절개는 겨드랑이 절개나 밑선 절개로 진행하게 됩니다. 절개 부위별로 장단점은 있지만 저는 겨드랑이 절개를 전문으로 가슴 성형을 해왔습니다. 지금까지 진행해온 1만여 케이스가 모두 겨드랑이 절개를 이용한 가슴 확대케이스입니다. 절개 부위가 다르면 같은 가슴 확대수술을 하더라도 다른 수술이라고 할 수 있습니다. 밑선 절개의 경우 숙련도가 높지 않아도 쉽게 접근이 가능한 비교적 난이도가 낮은 수술방법이지만, 겨드랑이 절개는 혈관, 신경, 근육등이 좁은 공간에 몰려 있어 복잡하고 위험하며 수술 난이도가 높은 절개 방법이라고 할 수 있습니다. 그래서 겨드랑이 절개를 하면 아프고 위험하고 회복이 느리다고 말들을 하지만 흉터가 남지 않고 본래 가지고 있는 겨드랑이 주름과 구별이 안 될 정도로 흔적이 보이지 않는 방법이라는 점에서 큰 장점이 있습니다. 지금 까지 저는 어려운 수술을 누구보다도 많은 경험을 통해 그 수술 방법의 장점을 살리고 단점을 극복할 수 있는 저 만의 수술 실력을 향상 시키기 위해서 노력해 왔고 그 노력들의 결과물이 이 책이라고 말씀드릴 수 있을 것 같습니다.

겨드랑이 절개법으로도조직의 손상을 최소화하고 섬세한 박리를 잘 진행한다면 밑선절개와 마찬가지로 통증을 최소화하면서 팔을 사용하는 것도 자유롭게 가능하도록회복을 빠르게 할 수 있다는 것을 알고 있기 때문에, 저는 지금까지 수술한 1만여 케이스의 수술을 겨드랑이 절개로만 진행하면서겨드랑이 절개 가슴확대 수술분야에서 최고의 전문가가 되기 위해 노력해 왔습니다.

평생 나와 함께 하는 아름다운 가슴, 그리고 그 가슴을 아름답게 해주는 성형수술이기에 앞으로 이 책을 통해서 알려드릴 주의할 점, 미리 알아야하는 내용들을 읽어보시고 수술여부와 병원의 선택, 그리고 사후 관리까지도 함께 신중하게 잘 챙기신다면 성공적인 수술결과를 통해서, 만족도 높은 삶의 질적 향상을 누리실 수 있는 도움을 받으실 수 있으리라 생각합니다.

2026. 02

우아성형외과 김우정 대표원장

흉터 걱정 때문에 망설였던 20대 여성, 겨드랑이 절개 가슴 확대 수술 이야기

상담실로 들어온 환자는 긴장한 표정으로 의자에 앉았습니다. 20대 초반, 아직 미혼의 젊은 여성으로 키는 166cm, 몸무게는 50kg로 전체적으로 날씬한 몸매였지만 가슴은 A컵 정도로 작은 볼륨이었습니다. 환자는 상담 내내 솔직한 고민을 털어놓았습니다. "선생님, 수술하고 나면 흉터가 많이 남을까요? 아직 미혼이고 나이가 젊다 보니까, 가슴 밑선에 흉터가 생기면 남자친구가 싫어할까봐 너무 신경이 쓰여요." 사실 환자가 저를 찾아온 이유는 밑선 절개로 수술 상담을 받기 위해서였습니다. 밑선 절개는 회복 기간이 짧고 보형물 위치를 정확히 잡을 수 있다는 장점이 있어 많이 선택하는 방법이지만, 환자는 수술 흉터가 눈에 보이는 부위에 남을지도 모른다는 생각에 상담 내내 주저하는 모습이 역력했습니다. 저는 환자의 걱정을 충분히 공감하면서 제가 진행하고 있는 내시경을 이용한 겨드랑이 절개 방법에 대해 설명드렸습니다. "물론 병원에 따라 다르지만, 저는 20년간 가슴 성형 수술을 집도해오면서 겨드랑이 절개로도 충분히 빠른 회복과 정확한 가슴방을 만들어낼 수 있다고 자신합니다. 제가 진행하고 있는 내시경을 이용한 겨드랑이 절개 수술은 흉터가 잘 보이지 않는, 거의 눈에 띄지 않고원래 존재하는 겨드랑이 주름 정도로만 남을 수 있도록 하고 있습니다. 또한, 일상생활으로의 복귀 속도도 밑선 절개 못지않게 빠르게 할 수 있습니다." 저의 설명을 들은 환자는 처음에는 "그래도 겨드랑이는 회복이 오래 걸리지 않나요?"라며 걱정을 했지만, 저의 경력과 사례들을 보고 점차 마음을 열었습니다. 결국 최종적으로 밑선 절개가 아닌 겨드랑이 절개로 방향을 바꾸게 되었고, 수술 전날까지 여러 번 상담하며 최종 보형물의 종류와 수술 계획을 확정했습니다. 환자는 A컵에서 C컵으로 자연스러운 볼륨감을 원했고, 비대칭을 해결하기 위해서 최종적으로 모티바 보형물을 이용하여 양쪽에 사용하는 보형물의 타입을 다르게 하여, 오른쪽335ccFull Type, 왼쪽 300cc Demi Type을넣기로 결정했습니다. 또 부유방 제거도 함께 진행하기로 했습니다.

드디어 수술 당일, 환자는 떨리는 마음으로 어젯밤 잠도 제대로 못 잘 정도로 긴장하고 있었습니다. 너무 긴장하지 마시고, 제가 겨드랑이 절개 수술만을 전문으로 해왔기에 같은 기간 동안의 다른 의사들 보다 2-3배는 더 많은 겨드랑이 절개수술의 경험을 가지고 있기 때문에, 안전하고 예쁘게 수술을 해드릴 수 있도록 최선을 다하겠다고 안심을 시켰습니다. 그리고 능숙한 수술실 스텝들과 잘 마무리해 드렸습니다. 수술이 무사히 끝나고 회복실에서 눈을 떴을 때 환자분은 "생각보다 많이 아프지 않네요"라는 말을 제일 처음으로 꺼냈습니다. 압박밴드 때문에 조금 답답한 느낌은 있었지만, 너무 아프거나 불편하지는 않았다고 했습니다. 걱정을 많이 했는데 수술 직후 컨디션이 이렇게까지 괜찮을 줄은 몰랐다고 하며 안도한 표정이었습니다. 하지만 물론 모든 수술이 그렇듯 첫날부터 바로 편안해 지지는 않습니다. 움직임에 대한 약간의 제한이 있고, 잠도 똑바로 누운 자세로 자야 하고, 회복에 집중해야 하는 노력이 필요하지만 환자는 초반부터 긍정적인 자세로 잘 적응해주었습니다.

3주 후 외래에 방문한 환자는 얼굴이 한결 편안해져 있었습니다. "이제 겨드랑이 통증도 거의 없고, 가슴도 별로 아프지 않아요. 일상생활 하는 데 아무 불편함이 없어서 너무 좋았어요. 겨드랑이 절개로 수술하면 회복이 오래 걸린다고 해서 솔직히 걱정이 많았는데, 밑선 절개 말고 겨드랑이 절개로 선택하길 정말 잘한 것 같아요. 밑선으로 했으면 흉터 때문에 평생을 많이 후회했을 거예요." 특히 환자는 팔을 들어 올리거나 일할 때도 큰 불편이 없었다고 말했습니다. 많은 분들이 겨드랑이 절개는 팔 움직임에 오랜 시간동안 신경 써야 한다고 생각하지만, 숙련된 수술법과 세심한 박리가 뒷받침되면 이런 불편을 최소화할 수 있습니다. 수술후 2-3일만에 머리를 감고, 팔을 높이드는 만세가 가능한 점에 놀라워 했습니다. 환자는 수술후 3개월까지 병원에 2주 간격으로 주기적으로 방문해 붓기 관리와 촉감 개선을 위한 사후 관리를 받았습니다. "관리를 받을 때마다 점점 촉감이 좋아지는 게 느껴져요. 붓기도 빠르게 빠지고, 점점 더 자연스러워져서 병원 올 때마다 기분이 좋아요." 사실 수술 후 관리는 수술만큼이나 중요합니다. 보형물이 자리를 잘 잡고, 부드러운 촉감을 유지하기 위해서는 부지런히 관리받는 것이 큰 도움이 되죠. 환자 역시 그 과정을 성실히 잘 따라와 주었습니다.

수술후 6개월이 지나자 환자는 마치 수술을 한 사실조차 잊은 듯했습니다. "수술 전에는 옷을 입을 때마다 신경이 쓰였는데, 이제는 거울에 비친 달라진 모습이 너무 만족스러워요. 진짜 예전처럼 고민하지 않아도 돼서 마음이 훨씬 편해요. 이렇게 될 줄 알았으면 진작에 할 걸 그랬어요." 특히 옷 핏이 확 달라지면서 자신감이 생겼다는 말이 인상적이었습니다. 체형 변화는 단순히 외모 개선을 넘어 삶의 질에 큰 영향을 미칩니다. 저희 병원에서는 수술후 6개월이 되면 겨드랑이 절개 부위의 흉터 관리를 시작합니다. "원래도 흉터가 깔끔한 편이었는데, 피부과 협진진료로 더 전문적인 레이저 관리를 받게 돼서 좋아요. 색이 점점 연해지고 자연스러워지는 걸 보니까 앞으로 더 기대돼요." 흉터 관리는 단순히 미용적인 부분을 넘어서 환자의 심리적 만족도에도 큰 영향을 미칩니다. 환자는 흉터 관리 과정에서도 긍정적인 자세로 잘 참여했습니다.

수술 후 1년이 지난 지금, 환자는 완전히 새 삶을 살고 있다고 말합니다. "촉감도 자연스럽고, 모양도 예쁘고, 흉터도 거의 신경 쓰이지 않을 정도로 원래 있던 주름같아요. 특히 속옷 입을 때 예전에는 늘 한쪽 가슴이 브라컵에 차지 않는 비대칭으로 많이 불편했는데, 이제는 그런 불편감도 없고 가벼운 속옷 하나만으로도 예쁜 라인이 만들어지니까 너무 좋아요. 진짜 삶의 만족도가 확 달라졌어요." 마지막으로 환자는 이런 말을 덧붙였습니다. "저처럼 회복기간 때문에 겨드랑이 절개를 망설이시는 분들이 제 후기를 보고 조금이나마 용기를 얻으셨으면 좋겠어요. 사실 고민하는 시간보다는 얼마나 좋은 병원과 경험 많은 의사 선생님을 찾는 게 훨씬 더 중요하더라고요."

1-1 가슴성형보형물 종류 어떤게 있을까요?

이 사례는 겨드랑이 절개에 대한 두려움을 뛰어넘어 성공적으로 만족스러운 결과를 얻은 이야기입니다. 풍부한 경험을 가진 의료진과 사후 관리라면, 어떤 절개법이든 환자에게 최선의 결과를 만들어 드릴수 있습니다. 무엇보다 중요한 건 긍정적인 마음가짐과 수술후 일정기간 동안의 꾸준한 사후 관리를 통한 자기 신체변화에 대한 관심인 것 같습니다.

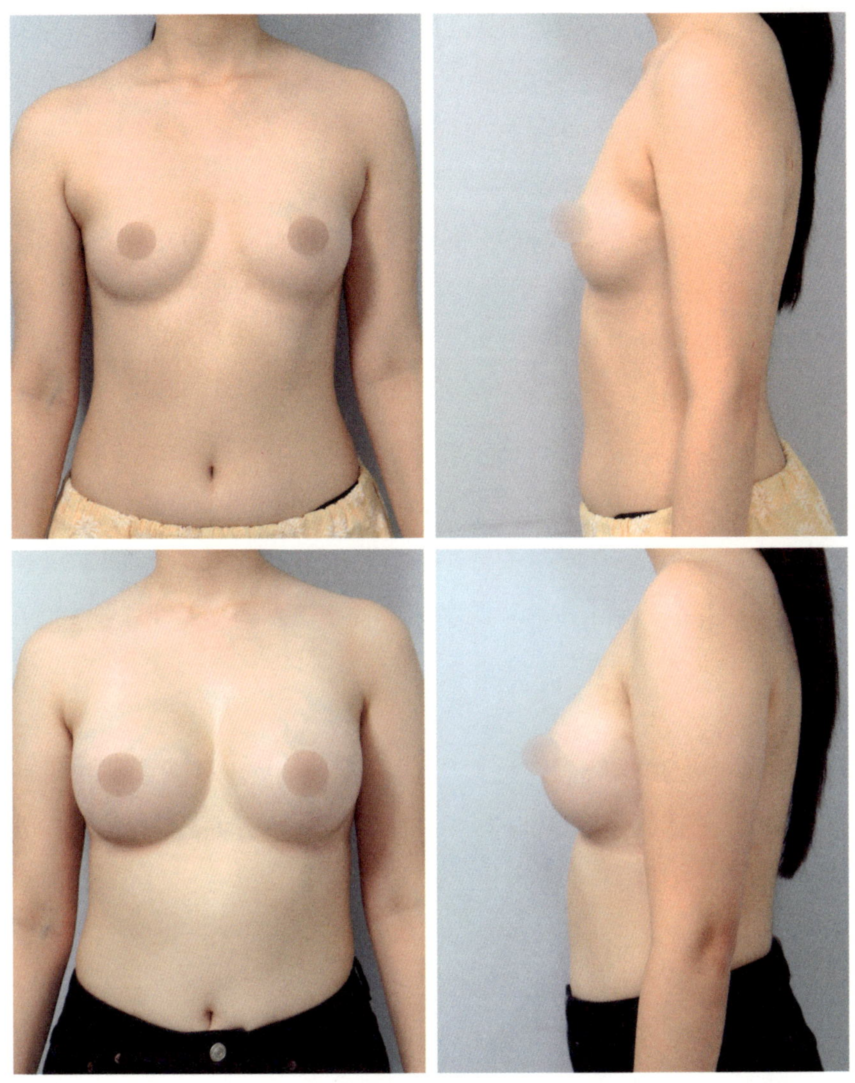

가슴 성형에 있어서 가장 중요한 결정은 바로 보형물입니다.

가슴은 사람마다 생김새와 체형 조건이 모두 다르기 때문에, 보형물 역시 '정답'이 정해진 것이 아니라 환자 개인의 신체 구조와 원하는 이미지에 따라 가장 적합한 것을 선택해야 합니다. 예를 들어, 가슴 밑선부터 유두까지의 거리, 가슴의 처진 정도, 흉곽의 곡률, 피부의 두께, 체지방의 분포, 그리고 무엇보다 환자 본인이 원하는 볼륨감과 모양까지 꼼꼼히 고려되어야 수술의 만족도를 극대화할 수 있습니다.

최근에는 보형물에 대한 막연한 두려움으로 '지방이식 가슴 성형'을 고려하는 분들도 있는 것 같습니다.하지만 자가지방이식은 보형물 수술과는 전혀 다른 결과를 만들어냅니다.

가슴 지방이식은 신체의 다른 부위에서 추출한 지방을 가슴의 피하지방층과 근육 위에 이식하는 방식입니다. 문제는 이식된 지방의 생착률이 일정하지 않고 많은 부분이 흡수되면서 없어진다는 점입니다. 아무리 정교하게 수술을 하더라도 생착률은 개인차가 크고, 생착되지 않은 지방은 시간이 지나면서 굳어져 석회화 현상이 생기기도 합니다.

또한 한국 여성의 경우 대부분 피부와 조직이 얇기 때문에 지방이식만으로는 만족스러운 결과를 얻기 어려운 경우가 많습니다. 실제로 저의 경험상 10명 중 1명 정도만이 지방이식에 적합한 조건을 갖추고 있으며, 줄기세포를 활용한 지방이식 또한 기본 구조는 자가지방이식과 같기 때문에 근본적인 한계를 넘기 어렵습니다. 실제로 가슴 지방이식 수술후 효과를 보지 못하고 결국 보형물을 이용한 가슴확대 수술을 위해 내원하시는 많은 환자들을 보면서 안타까운 마음이 들 때가 많습니다.

이러한 이유로 저는 여전히 가슴 보형물 수술이 안정성과 예측 가능성 면에서 가장 뛰어난 수술 방법이라고 생각합니다.

☑ 한국 여성이 생각하는 이상적인 가슴모양은?

한국 여성들이 선호하는 가슴은 서양여성들이 선호하는 형태와는 다소 다릅니다. 볼륨감이 과하게 강조된 가슴보다는 윗가슴에서부터 자연스럽게 이어지는 곡선미, 유두가 살짝 바깥쪽과 위쪽을 향하고 윗가슴과 아랫가슴의 비율이 약 6:4 정도 되는 형태가 선호됩니다. 하지만 단순히 수학적으로 비율만 맞춘다고 해서 아름다운 가슴이 완성되는 것은 아닙니다. 보형물의 선택은 단순한 수치 계산이나 정해진 공식이 아닌, 경험을 바탕으로 한 인문학적이고 심리적인 판단이 필요합니다.

신체 계측 데이터를 기반으로 하되, 수술자의 경험과 수많은 케이스를 통해 예측 가능한 결과까지 고려해야 하기 때문입니다. 그래서 같은 환자라 하더라도 수술자에 따라 보형물의 타입과 크기에 대한 제안이 달라지는 것입니다. 환자와의 충분한 상담을 통해 환자가 추구하는 미적 기준과 심리적인 부분까지 예민하게 느끼고 적합한 보형물을 찾아드리는 건 아마도 AI로는 찾아드리기 힘든 인간의 마지막 영역이라고 생각합니다.

☑ 평소에 원하는 모양의 가슴 사진이 있다면 모아두세요.

가슴 성형 상담 시 가장 중요한 것은 환자 본인이 원하는 가슴의 이미지를 명확히 아는 것입니다.

하지만 실제로 많은 분들이 본인이 생각하는 이상적인 가슴 형태를 정확히 인지하지 못한 채 상담을 받으러 오시는 경우가 많습니다. 이럴 땐 저는 이렇게 말씀드립니다.

"각종 성형 어플의 후기들이나, SNS를 보시다가 '아 저런 가슴을 갖고 싶다' 싶은 사진이 있으면 꼭 저장해두셨다가 상담 때 보여주세요."

막연하게 '예쁜 가슴이요'라는 말보다, 본인이 원하는 가슴 이미지를 시각적으로 공유해주시면 수술 후 결과가 더욱 만족스러울 수 있습니다.그렇기 때문에 구체화되지 않은 본인의 니즈를 정리해주는 상담과정과, 실제 보형물을 가슴에 넣어보는 피팅과정을 이용한 가상의 모습을 시뮬레이션하는 과정 등은 매우 효과적이며, 경험 많은 의료진의 도움이 필수적입니다. 저희 병원은 다양한 종류의 많은 보형물 샘플을 이용해서 직접 수술후 모습을 연출해 드릴 수 있기 때문에 좀더 명확한 예측 가능한 수술 후 모습으로 상담이 가능합니다.

기억하세요. 가슴보형물은 단순한 이물질이 아닙니다. 당신의 몸에 평생 함께할 파트너입니다. 이 보형물을 어떤 조건으로, 어떻게 선택하느냐에 따라 수술의 만족도는 차이가 날 수 있습니다. 정확한 진단, 충분한 상담, 신뢰할 수 있는 수술 경험, 이 세 가지가 모두 갖춰졌을 때에만 아름다운 결과를 마주하게 될 수 있습니다. 가슴 수술을 앞두고 있다면, 지금부터라도 관심을 가지고 '나에게 맞는 가슴'이 무엇인지 진지하게 고민해보시길 바랍니다.

사례 2.
"저 같은 가슴도 수술이 되나요?" 무너진 자신감을 되찾은 재수술 후기

제가 이번에 소개할 환자는 키 159cm, 몸무게 39kg의 작은 체형을 가진, 흉곽의 비대칭이 심하고 흔히 오목가슴이라고 하는 흉곽의 가운데 부분이 안으로 많이 들어가 있는 형태의 가슴을 가진 20대 여성입니다. 처음 저희 병원에 찾아왔을 때 환자는 이미 3년 전 대학병원에서 밑선절개 방식으로 멘토스무스 325cc 보형물을 삽입한 상태였습니다. 문제는, 시간이 지나면서 양쪽 모두 심각한 구형구축이 생겨 돌덩어리 처럼 가슴이 딱딱해져 있고, 가슴골은 너무 멀어져 흔히 말하는 '고속도로 가슴' 모양이 되어버린 것이었죠. 보형물은 근육 위에 삽입돼 있었고, 밑빠짐 현상까지 진행되어 딱딱하고 어색한 모습에 환자 본인도 너무 힘들어하고 있었습니다. 절개 부위 흉터도 매우 좋지 않은 상태 였습니다.

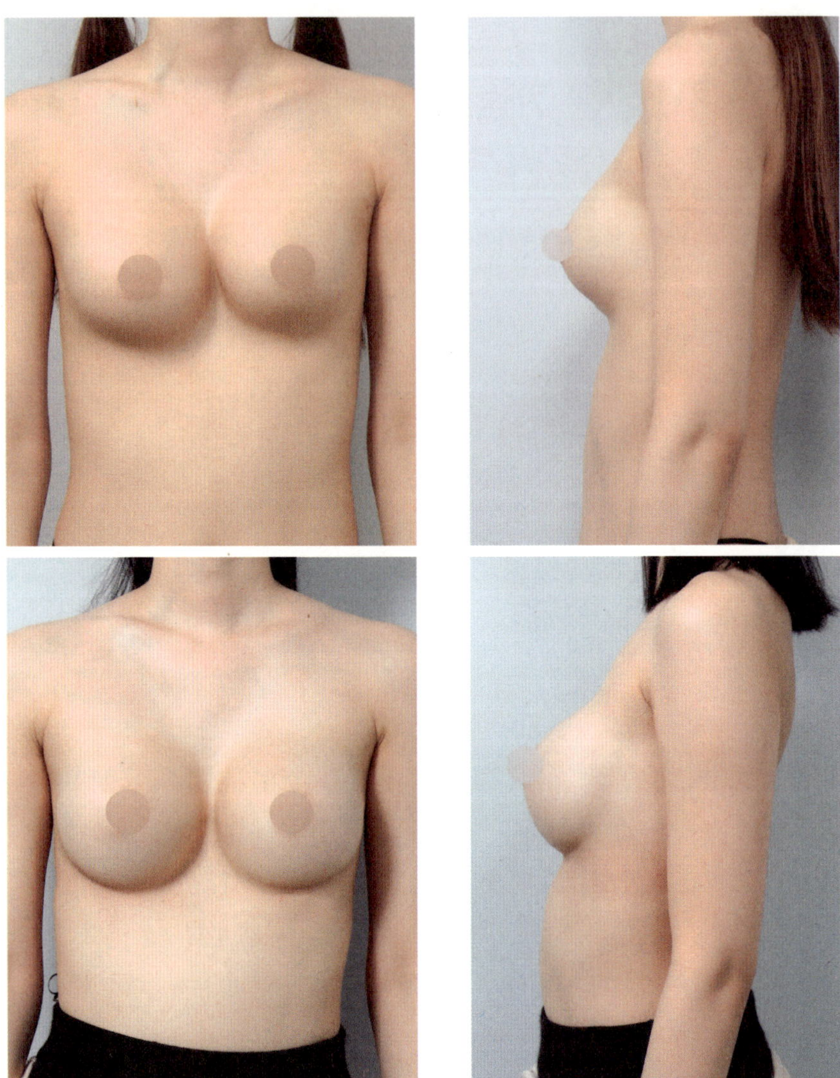

사실 이런 재수술 케이스는 난이도가 상당히 높습니다. 실제로 이 환자분은 여러 병원을 찾아갔지만 많은 의사들이 수술을 거부하거나, 대학병원 진료를 다시 권유한 상태였습니다. 저를 찾아왔을 때는 "저 같은 케이스를 수술해줄 의사가 과연 있을까요?"라는 생각으로 마음이 많이 지쳐 있었습니다. 하지만 상담을 진행하면서 저는 환자의 상태를 차분히 분석했고, 환자에게 현재의 문제점과 해결방법에 대해서명확히 설명해주었습니다. 구형구축, 애니메이션 현상, 딱딱한 촉감, 리플링, 밑선 비대칭 등 단순히 보형물만 교체한다고 해서 이 모든 문제가 해결될 수 있는 상황은 아니었습니다.기존에 근육 위에 삽입된 보형물을 근육 밑으로 위치를 바꿔주고, 양쪽의 보형물을 싸고 있는 피막을 완전히 제거하고, 가슴 밑선을 상방으로 이동시키고 애니메이션 현상이 생겨서 다시 보형물 사이가 벌어지지 않도록 근육을 재배치 하는 과정까지 함께 진행해야만 했습니다.

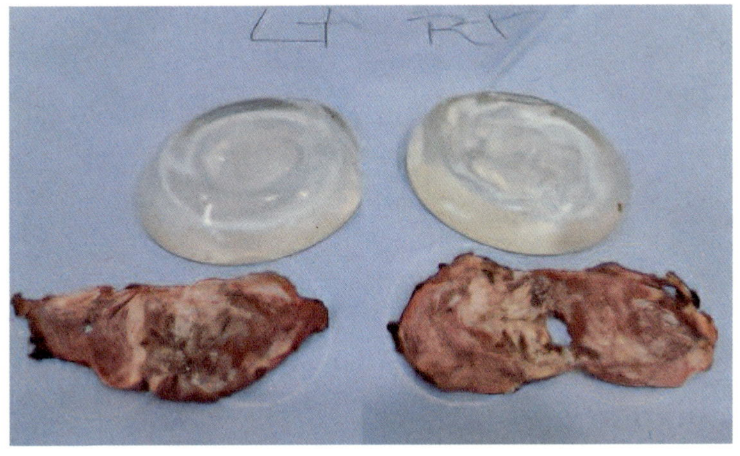

"겨드랑이절개 가슴재수술 피막제거 사진 : 내시경을 활용해서 피막 앞 뒷면을 연결해서 한 번에 제거한 사례"

구형구축의 진행 정도를 1단계에서 4단계로 구분할 때 이 환자는 이미 3단계에서 4단계를 향해 가고 있을 정도로 심하게딱딱한 보형물의 모양이 찌그러져 있었고 통증을 동반하고 있었기 때문에 다른 어떤 의사도 겨드랑이 절개를 통해서는이렇게 두꺼운 피막을 제거하는 건 불가능하다고 진단했다고 합니다. 하지만 저는 환자에게 "수술 시간이 좀 더 걸릴 수는 있겠지만 하나하나 다 해결할 수 있다"고 말할 수 있었고, 그 순간 환자분의 표정이 눈에 띄게 밝아지던 모습이 기억납니다.

수술 당일, 환자분은 떨림보다는 기대감이 더 커 보였습니다. 마지막 디자인을 마치고 수술실로 들어가기 전, 저는 "최선을 다하겠습니다"라고 약속드렸고, 환자분은 울컥한 표정으로 고개를 끄덕였습니다.저 역시 이 환자를 꼭 다시 웃게 해주고 싶다는 마음이 간절했습니다.

수술은 예상대로 쉽지 않았지만, 수술전 계획한 순서대로 잘 진행되었습니다. 다음날 치료실에서 붕대를 풀고 환자가 처음 거울을 통해 자신의 가슴 모양을 확인한 순간, 작은 "와…" 하는 감탄사가 들렸습니다. 저도 "수술 정말 잘 됐으니까 이제 걱정하지 않으셔도 된다"고 말해주었고, 환자는 한결 편안해진 얼굴로 미소를 지었습니다.

수술후 3주가 지나서 환자가 다시 병원에 왔을 때는 불편했던 부작용들이 모두 사라졌다는 말을 들을 수 있었습니다. 보형물 움직임이 개선됐고, 촉감도 자연스러워졌으며, 예쁘게 모이는 가슴골 덕분에 옷핏이 완전히 달라졌다는 말과,밑선 비대칭도 잡혔고, 일상생활이 어려울 정도였던 의문의 가려움증과 통증도 사라졌다는 말에, 저도 수술에대한 보람을 느끼게 만들어 주었습니다. 환자분은"이제야 진짜 내 몸을 되찾은 기분"이라며 환하게 웃고 있었습니다.

촉감은 한 달 전보다도 더 말랑해졌고, 어느 자세에서도 자연스러운 모양이 유지되다 보니 거울을 볼 때마다 너무 행복하다고 말하더군요. "몸매에 자신감이 생기고, 수술 전보다 마음까지 건강해진 느낌"이라는 말을 듣는데 저 역시 참 뿌듯했습니다.

저는 늘 생각합니다. 재수술은 단순히 '외형 개선'이라는 목표 그 이상의 만족감을 주는 것 같습니다. 자신감을 잃고, 삶의 질이 떨어진 사람들에게 다시 웃을 수 있는 용기를 주는 과정이죠. 이 환자분도 첫 수술의 실패로 큰 상처를 안고 있었지만, 지금은 누구보다 밝게 웃으며 제2의 인생을 살고 있습니다.

저를 믿고 다시 한 번 용기를 내준 환자분께 감사의 마음을 전합니다. 그리고 지금 이 글을 읽고 있을, 비슷한 고민을 안고 있는 여러분들에게도 말씀드리고 싶습니다. 포기하지 마세요. 수술 실패에 대한 정확한 문제점의 파악과 분석, 그리고 그 문제점에 대한 적절한 해결책을 찾고, 섬세한 수술로 충분히 해결할 수 있습니다. 여러분의 삶에 다시 웃음이 찾아오길, 진심으로 바랍니다.

2-1 40kg 마른체형 A컵 수술은 어렵지 않나요?

최근 병원을 찾는 환자들 중, 체형이 마르고 가슴이 작아 '성형 후 너무 티가 나지 않을까?'라는 고민을 안고 오는 분들이 많습니다. 결론부터 말씀드리자면, '가슴이 작다고 해서 수술 후 티가 반드시 나는 건 아닙니다.' 다만, 마른 체형 특유의 몇 가지 한계점은 보형물 선택과 수술법을 결정할 때 꼭 고려해야 할 요소입니다.

☑ 마른 체형이기 때문에 생기는 한계점 2가지

① 보형물을 덮어줄 조직이 얇다. 얇은 피부와 지방층, 유선 조직이 부족해 보형물이 겉으로 비쳐 보이거나, 윤곽이 만져질 가능성이 높습니다.
② 보형물 사이즈에 제약이 있다

얇은 조직과 좁은 흉곽 위에 큰 보형물을 넣을 경우 오히려 인위적인 티가 나기 쉽고, 촉감도 딱딱하게 느껴질 수 있습니다.

그래서 마른 체형인 경우엔 자연스러운 물방울 형태의 라인을 연출할 수 있는 비교적 작은 사이즈의 보형물을 추천드리는 경우가 많습니다. 단순히 크기를 키우는 것보다, 신체의 균형을 맞추면서 볼륨을 주는 것이 훨씬 더 아름답고 오래 만족할 수 있는 결과를 만듭니다. 경우에 따라서는 얇은 피부를 두껍게 해 주는 가슴골 지방이식을 병행하는 경우도 있을 수 있지만, 이렇게 마른 체형의 여성들의 경우 이식할 지방이 많지 않아서 수술후 최대한 체중을 증가시킨 후에 따로 진행하는 경우도 많이 있습니다.

✅ 수술 전 고려해야 할 항목
- 가슴 밑둘레와 가슴방 사이즈
- 양쪽 유두 사이의 거리
- 피부의 두께와 탄력
- 기존 가슴 조직의 양

이 네 가지는 단순히 보형물의 CC만으로적합한 보형물의 기준으로 삼을 수 없는 이유입니다. 보형물의 생긴 Type과 보형물의 종류를 결정하기 위해서는 담당 전문의와 함께 섬세하게 체형을 측정하고 분석한 후, '나에게 가장 잘 어울리는 가슴'을 설계해나가야 합니다.

마른 체형에는 왜 '겨드랑이 절개'가 더 유리할까요?

밑선 절개는 마른 체형일수록 흉터가 도드라지기 쉽습니다.

살집이 있는 분들은 서있을 때 생기는 가슴 밑 주름의 흉터 부위가 자연스럽게 덮이지만, 마른 분들은 피부가 얇고 조직이 적기 때문에 밑선의 절개 부위가 오히려 더 부각될 수 있습니다.

반면 겨드랑이 절개는 다음과 같은 장점이 있습니다:

겨드랑이 주름선을 따라 절개하기 때문에 흉터를 숨길 수가 있습니다. 다만 내시경을 섬세하게 잘 이용해야 하는 수술이기 때문에 수술의 숙련도가 높아야만 수술 시야를 정확하게 확보해서 신경과 혈관 근육의 손상을 최소화해서 좌우 대칭과 보형물의 위치를 정확하게 조정하고 더 정밀하게 삽입할 수 있습니다.

수술 후 1년 정도 경과하면 겨드랑이 흉터는 원래 주름처럼 자연스럽게 보이게 되며, 팔을 올리는 동작에도 크게 눈에 띄지 않아서 일상생활에서도 부담이 적습니다. 마른 체형을 가졌다고 해서 가슴 성형을 포기해야 할 이유는 없습니다. 가슴이 작고 마른 체형이라면, 체형에 꼭 맞는 사이즈와 수술법을 설계해서 작지만 확실한 변화를 만들어야 합니다. 너무 큰 보형물로 단숨에 크기를 키우기보다는, 자연스럽고 섬세하게 변화된 라인을 만들어가는 것이 장기적으로도 훨씬 만족도가 높습니다. 마른 몸매도 아름답고 자연스러운 가슴을 가질 수 있습니다. 당신의 체형에 가장 잘 맞는 방법으로, 자신감 있는 삶을 시작해보세요.

2-2 가슴보형물이 수술완성도에 중요한 영향을 끼치나요?

가슴 성형을 고민 중이라면 반드시 세 가지 기준을 따져보셔야 합니다.

바로 ① 수술을 집도할 의료진의 숙련도, ② 병원 시스템, ③ 보형물의 선택입니다.

대부분의 환자분들은 첫 번째, 두 번째는 비교적 꼼꼼히 따져보는 편입니다. 그런데 정작 보형물에 대해서는 상대적으로 관심을 덜 가지는 경우가 많습니다.

실제로 병원 상담 시 "원장님만 수술 잘하시면, 보형물은 아무거나 괜찮지 않나요?"라고 질문하시는 분들이 종종 계십니다. 그러나 보형물은 음식점의 식재료에 해당하는 핵심 요소입니다. 아무리 셰프가 훌륭하더라도, 신선하지 않은 재료로는 최고의 요리를 만들 수 없습니다. 마찬가지로, 수술 결과 역시 좋은 보형물과 함께여야 완성도가 높아집니다.

그렇다면 어떤 보형물이 '좋은 보형물'일까요? 핵심은 단연 '안정성'이라고 생각합니다. 보형물은 우리 몸 안에 평생 삽입되어 있는 구조물이기 때문에, 외형 못지않게 안전성이 가장 중요한 요소입니다. 같은 보형물이라도 환자 피부의 두께. 보형물의 삽입 위치, 환자의 유선조직 두께나 유방 형태 등 여러 요소에 따라 합병증 발생률이 달라질 수 있다는 것입니다. 따라서 보형물 선택은 반드시 숙련된 의료진과의 상담을 통해 환자 개개인의 신체 조건을 충분히 고려하여 결정해야 합니다.

특히나 많은 분들이 궁금해 하는 구구축이란, 보형물을 둘러싼 피막(캡슐)이 비정상적으로 단단해지면서 가슴이 딱딱해지고 통증이 생기거나

가슴의 형태가 변형되는 현상입니다. 보형물 외피의 재질, 점도, 탄성, 표면 질감 등이 피막 형성 반응에 큰 영향을 미치기 때문에, 단순히 디자인이나 촉감만 보고 보형물을 선택해서는 안 됩니다.

　정리하자면, 가슴 성형의 성공은 단순히 수술을 '잘하는' 것에서 끝나지 않습니다.수술자의 수술 경험, 체계적인 병원 시스템, 그리고 무엇보다도 자신에게 가장 적합하고 안전한 보형물의 선택이라는 세 박자가 모두 맞아야만 완성도 높은 결과를 기대할 수 있습니다. 스스로를 위한 인생 수술이라면, 이 세 가지 요소를 꼭 기억하세요.

15년 전 수술로 인한 구형구축, 겨드랑이 절개로 재수술에 성공하다

이번에 소개드릴 환자분은 50대 초반의 여성으로, 키 156cm, 체중 45kg의 매우 자기관리에 철저한 분이셨습니다. 과거 15년 전, 코젤 보형물을 사용해서 겨드랑이 절개로 가슴 확대 수술을 받으셨지만 시간이 지나면서 왼쪽 가슴의 구형구축이 심화되었고, 윗볼록 현상이 두드러지게 나타나 불편함과 스트레스를 겪고 계셨습니다.

환자분은 기존 75C컵에서 풀 C컵 또는 D컵 정도로 자연스러운 정도의 볼륨 개선을 희망하셨으며, 특히 모양 개선을 가장 중요하게 생각하셨습니다. 원하는 모양은 자연스럽게 떨어지는 가슴라인으로, 지나치게 과장되거나 인위적인 느낌이 아닌, 자연스럽고 세련된 곡선미를 중점적으로 고려하셨습니다.

문제는 기존에 겨드랑이 절개로 수술을 받았던 터라 밑선 절개로 또 다른 흉터를 만드는 것을 매우 꺼리셨다는 점입니다. 실제로 여러 병원을 방문해 상담을 받았지만, 대부분의 병원에서 "구형구축이 심하고 윗볼록 현상이 강한 상태이므로 밑선 절개로 시야를 확보해야 피막을 완전히 제거할 수 있다"는 진단을 받으셨습니다. 피막은 보형물을 둘러싸고 있는 막으로, 구형구축이 발생한 경우 비정상적으로 두꺼워지고 수축하면서 가슴을 단단하게 만들며 모양까지 왜곡시키는 주된 원인입니다. 따라서 이를 해결하려면 반드시 피막을 완전 제거해야 하며, 이를 위해 밑선 절개를 권유받으셨던 것입니다.

하지만 환자분은 흉터 부담으로 인해 결정을 내리지 못하고 고민하던 중 저희 병원을 찾아오셨습니다. 저는 겨드랑이 절개로만20년 이상의 임상경험을 쌓아온 전문가로서, 내시경을 이용해 겨드랑이 절개만으로도 충분히 피막을 100% 제거하고, 가슴의 모양과 기능을 복원할 수 있다는 점을 설명드렸습니다. 상담을 통해 환자분의 상태를 정밀히 분석하고, 맞춤형 수술 계획을 수립한 결과, 환자분은 저에게 재수술을 맡기시기로 결정하셨습니다.

이번 수술에는 모티바 보형물 양쪽 400ccfull type을 사용해 진행했으며, 밑선의 하방 이동과, 과다 박리된 외측 박리범위의재고정, 내측 박리는 좀더 안쪽으로 진행시키고, 무엇보다도 보형물을 감싸고 있는 피막의 완전 제거를 함께 시행했습니다. 수술 전 촬영한 상태에서는 외형적 비대칭뿐만 아니라 촉감의 단단함, 불규칙한 윤곽, 불편한 감각 등이 동반된 상당히 난이도가 높은 재수술 케이스였습니다.

수술 후 1주 차 병원 방문 시, 환자분은 전후 사진을 보며 큰 감탄을 표하셨습니다. "수술 전에는 이렇게 심각한 상태였는지 실감하지 못했는데, 이제 와서 보니 재수술 결심을 하길 잘했다"는 말씀을 해주셨습니다. 특히 가슴의 모양, 촉감, 사이즈 모두가 기대 이상이라는 소감을 전해주셨고, 저는 이러한 환자분의 만족감이 곧 저의 최우선 목표이자 책임이라는 점을 다시 한번 느끼고 겨드랑이 절개 내시경수술에 매진한 저의 시간들에 대한 보람을 느꼈습니다.

3개월 차가 되었을 때는 촉감이 훨씬 자연스러워지고, 시간이 지날수록 모양 또한 부드럽고 자연스럽게 자리 잡았습니다. 환자분은 "구형구축일 때는 가슴이 내 몸에 맞지 않는 느낌이 강했고, 기분 나쁜 통증과딱딱한 촉감 때문에 불편했지만, 지금은 마치 새롭게 태어난 듯한 기분"이라며 고마움을 표현하셨습니다.

재수술후1년이 경과한 현재, 환자분은 불편함 없이 매우 건강하게 잘 지내고 계십니다. 오히려 재수술을 통해 심리적, 신체적으로도 큰 자신감을 회복하셨고, 삶의 질이 눈에 띄게 향상되었다고 말씀하셨습니다. 환자분은 "그동안 자기관리에 누구보다 신경을 썼지만 가슴 문제로 무너진 기분이었는데, 이제는 그 콤플렉스를 완전히 극복하고 건강한 삶을 되찾았다"고 전해주셨습니다.

이번 사례는 겨드랑이 절개로도 난이도 높은 재수술이 충분히 가능하며, 피막의 완전 제거 및 가슴 형태 복원이 문제없이 수행될 수 있다는 점을 잘 보여줍니다.

3-1 구형구축은 누구나 생기는걸까요?

☑ 구형구축, 가슴성형을 고민하는 모든 이의 걱정

가슴성형을 앞둔 환자들이 공통적으로 걱정하는 부작용 중 하나가 바로 '구형구축'입니다. 인터넷 검색만 해봐도 관련 정보를 어렵지 않게 찾을 수 있을

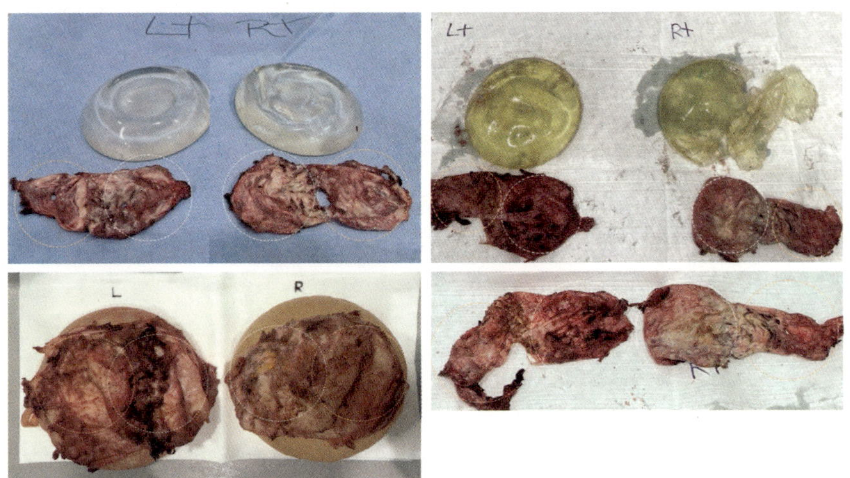

"겨드랑이절개 가슴재수술 피막제거 사진 : 내시경을 활용해서 피막 앞 뒷면을 연결해서 한 번에 제거한 사례"

정도로, 많은 환자분들이 이 문제를 인지하고 있고 실제로 상담 중 가장 자주

받는 질문 중 하나이기도 합니다. 그렇다면, 구형구축은 왜 생기는 것일까요? 우리 몸은 매우 정교한 면역 시스템을 가지고 있습니다. 이물질이 체내에 들어오면, 몸은 이를 인식하고 방어막을 형성합니다. 우리가 가슴성형에 사용하는 보형물도 몸 안으로 들어가는 순간 '이물질'로 인식되며, 이를 둘러싸는 얇은 섬유성 막이 생깁니다. 이 막을 '피막(被膜, capsule)'이라고 합니다. 대부분의 경우 이 피막은 아주 얇고 유연하게 형성되어 아무런 문제가 되지 않습니다. 하지만 경우에 따라 이 피막이 비정상적으로 두꺼워지면서 보형물을 압박하게 되면, 가슴이 단단하고 딱딱하게 만져지며 형태가 변형되는 구형구축이 발생하게 됩니다. 흔히 '공처럼 단단하다'고 표현될 정도로 불편한 촉감과 형태적 변형, 심하면 기분나쁜 통증이 나타납니다.

☑ 구형구축의 주요 원인

구형구축의 발생에는 다양한 원인이 작용합니다. 대표적으로는 다음과 같은 세 가지가 있습니다:

① 출혈과 혈종

수술 중 출혈이 발생하고, 이를 제대로 처리하지 못해 조직 내에 혈액이 고이게 되면 혈종이 생깁니다. 혈종은 조직 내 염증 반응을 유발하고, 이는 피막의 비정상적인 두꺼운 형성으로 이어질 수 있습니다.

② 과도한 조직 손상으로 인한 육아종과 염증 반응

수술 도중에 주변 조직 손상이 심했던 경우에는 미세한 염증 자극이 지속되면서 육아종(염증성 결절)이 발생할 수 있으며, 이 역시 구형구축의 원인이 됩니다.

③ 감염

수술 중 미세 감염이 발생하거나, 사후 관리가 제대로 이루어지지 않아 세균이 보형물 주변에 침투하게 되면, 체내 면역 반응이 과도하게 작동하면서 피막이 두껍게 형성됩니다.

☑ 구형구축의 치료와 예방

구형구축은 수술 초기에 그 발생을 어느 정도 예측할 수 있습니다. 그래서 저희 병원은 초기에는 사후관리를 2주 간격으로 내원하셔서 철저하게 관리하는 것을 원칙으로 하고 있습니다. 구형구축으로 진행하기 전에 캡슐러티스라는 초음파 발생장비를 사용해서 섬유화된 피막조직을 부드럽게 만들고 염증과 통증을 완화하고 혈류와 유연성를 증가시키는 방식으로 구형구축을 예방하고 또는 경도의 구형구축을 치료할 수 있습니다.

구형구축이 심하게 진행된 경우에는 재수술이 유일한 치료 방법입니다. 수술을 통해 두꺼운 피막을 제거하고, 경우에 따라 보형물을 교체하거나 보형물의 위치를 변경해야 합니다. 특히, 초기 수술에서 보형물의 삽입 위치가 적절하지 않았던 경우에는, 위치를 근육 아래로 변경하는 방식이 고려되기도 합니다.

하지만 무엇보다 중요한 것은 구형구축을 처음부터 예방하는 것입니다. 다음 네가지에 대한 이해도가 있으면 충분히 예방이 가능합니다.

① 출혈과 주변 조직 손상의 최소화

수술 시 박리 과정을 정밀하게 시행하여 불필요한 출혈을 막는 것이 중요합니다. 내시경을 이용한 겨드랑이 절개 수술은 이 과정을 직접 눈으로 확인하면서 출혈 없이 섬세하게 진행할 수 있기 때문에 구형구축 예방에 유리합니다.

② 철저한 감염 관리

보형물의 조작을 최소화하고, 무균 수술 환경을 유지하며, 항생제 처치 및 소독을 철저히 해야 합니다. 수술 전후의 감염 관리가 무엇보다 중요합니다. 특히 수술 과정에서 사용하는 수술포와 수술가운과수술장갑 그리고 각종 도구들을 일회용으로 사용하고, 수술실 환경을 국제 기준에 맞춘 전문 수술 센터의 운영이 이러한 미세감염을 최소화시킬 수 있습니다. 저희 병원이 최근에 개정된 국제기준의 수술실 감염방지를 위한 시설요건을 충족시키면서도 교차감염을 최소화 할 수 있도록 가슴수술만 전문으로 시행하는 층을 따로 운영하고 있는 이유가 바로 여기에 있습니다.

③ 보형물의 적절한 선택

매끄러운 표면의 스무스 타입 보형물은 텍스처 타입(거친 표면 보형물)에 비해 구형구축 발생률이 높은 것으로 알려져 있습니다. 스무스 타입을 사용할 경우에는 더 철저한 관리와 정밀한 수술 기술이 요구됩니다. 현재 사용하는 보형물은 모두 스무스 타입의 보형물이지만, 보형물 표면의 미세한 차이가 있기 때문에 보형물의 종류도 신중하게 선택하는 것이 필요합니다.

④ 절개 위치의 선택

겨드랑이, 밑선, 유륜 등 다양한 절개 부위 중 유륜 절개는 상대적으로 감염 위험이 높아 구형구축 발생 확률도 높은 편입니다. 이는 유선조직 내 존재하는 피부 상재균이 보형물에 영향을 미칠 수 있기 때문입니다. 따라서, 첫 수술의 경우 유륜 절개보다는 겨드랑이 절개나 밑선 절개를 고려하는 것이 안전합니다.

☑ 경험이 만들어내는 예방의 노하우

환자분들께 구형구축 이야기를 드릴 때마다 저는 말씀드립니다. 너무 겁먹지 않으셔도 됩니다. 경험이 많은 전문의라면, 구형구축을 예방하기 위한 다양한 노하우를 가지고 있습니다. 모든 가슴 성형이 구형구축으로 이어지는 것은 아니며, 철저한 준비와 세심한 수술, 정밀한 사후 관리가 이 부작용의 가능성을 현저히 낮출 수 있습니다. 물론, 구형구축이 발생했다고 해서 모두 재수술을 통해서만 해결이 가능한 것은 아닙니다. 비수술적인 방법으로도 그 증상이 충분히 해결되는 경우도 있고, 필요한 경우라면 재수술을 통해서도 충분히 해결이 가능합니다. 중요한 것은 정확한 진단과 적절한 시기의 대응입니다. 가슴 성형을 고려하고 있는 분들이 있다면, 단순히 모양이나 가슴의 크기만이 아닌 장기적인 안정성, 기능적 문제, 그리고 수술 이후의 삶의 질까지 함께 고려하시기를 바랍니다. 아름다움은 순간이 아니라, 오랫동안 지켜져야 할 가치이기 때문입니다.

3-2 가슴재수술을 또 겨드랑이로 한다고요?

재수술이 점점 늘어나는 이유는, 가슴 성형 수요는 계속 증가하고 있지만, 숙련도를 갖춘 의료진은 부족하기 때문입니다. 수술 경험이 많지 않은 의사의 경우 첫 수술의 완성도가 떨어질 수 있고, 이로 인해 환자의 재수술 수요는 자연스럽게 증가하게 됩니다.

가슴 재수술의 핵심은 단연코 '피막 제거'입니다. 얼마나 깔끔하고 정확하게 피막을 제거할 수 있느냐가 수술 성공의 핵심이며, 이는 매우 고난이도의 기술입니다. 특히 겨드랑이 절개로 진행하는 내시경 피막 제거는 가슴 재수술 중에서도 가장 어려운 수술 방법이라고 할 수 있습니다.

그러나 저는 겨드랑이 절개 수술만을 오랜 기간 전문적으로 해왔기 때문에 절개 부위에서의 세심한 박리 기술과 내시경이라는 도구의 도움을 통해 충분히 안전하고 정밀한 피막제거 수술이 가능합니다. 과거에는 의료진의 손끝 감각에만 의존해야 했기에 어려움이 컸지만, 최근 내시경 기술의 발달로 겨드랑이 절개 수술에서도 명확한 시야 확보가 가능해졌고, 유륜이나 밑선 절개 방식과 비교해도 훨씬 효율적 접근이 가능해진것입니다. 내시경 장비를 이용하면 수술 부위의 혈관과 조직을 직접 보면서 박리할 수 있어 손상을 최소화하고, 피막 제거, 가슴 방 조절, 밑선 위치 보정 등 다양한 작업을 정밀하게 수행할 수 있습니다.

그렇다면, 밑선이나 유륜 절개로도 쉽게 할 수 있는 재수술을 굳이 겨드랑이 절개로 할 필요가 있을까요? 그이유는 단한가지. 첫 수술과 동일한 절개 부위를 통해서 흉터를 또다른 곳에 만들지 않고, 겨드랑이 부위가 나중에 흉터가 가장 덜 보이기 때문입니다. 흉터를 남기고 싶지 않은 분들, 켈로이드 체질로 흉터 관리가 어려운 분들, 또는 첫 수술과 같은 절개 부위를 고수하고 싶은 분들에게 겨드랑이 절개 방식은 가장 합리적인 대안이 될 수 있습니다. 또한 유륜이나 밑선 절개를 통해 흉터가 함몰되거나 유착이 생긴 경우, 겨드랑이 절개를 통해 내부에서 유착을 풀어주는 방식으로 교정이 가능하기에 두 개의 문제를 한번에 해결할 수 있는 방법이기도 합니다.

겨드랑이 절개를 통한 가슴성형 재수술에서 중요한 것은, 의료진의 세심한 수술 실력과 섬세하게 장비를 다루는 술기의 유무입니다. 충분한 경험과 기술, 그리고 내시경이라는 장비가 뒷받침된다면 겨드랑이 절개를 통한 재수술은 가능합니다. 재수술도 충분히 흉터 없이 아름답고 안전하게 마무리될 수 있습니다.

사례4.
보형물 교체와 비대칭 사이즈 개선까지
30대 여성 재수술 성공 사례

이번에 소개할 환자분은 30대 초반 여성으로, 키 165cm, 체중 50kg의 날씬하고 균형 잡힌 체형을 가지신 분입니다. 이분은 2018년에 처음 가슴 확대 수술을 받으셨고, 당시 사용된 보형물은 벨라젤 350cc였습니다. 그러나 몇 년간 벨라젤 보형물 제조사에서 발생한 품질 및 관리 이슈가 사회적으로 크게 주목되면서, 환자분 역시 보형물 교체를 진지하게 고민하게 되셨습니다.

처음에는 단순히 보형물 교체만을 염두에 두셨지만, 상담 과정에서 본인이 평소 느끼던 가슴 모양의 아쉬움, 특히 비대칭 문제와 가슴골의 부족함에 대한 불만을 솔직하게 털어놓으셨습니다. 저는 환자분의 가슴 밑둘레(71cm)와 가슴방 사이즈(12.5cm)를 세심히 분석하고, 현재 체형에 더 이상적인 볼륨과 자연스러운 대칭을 위해 보형물 사이즈를 기존 350cc에서 모티바 Full Type

425cc로 업그레이드할 것을 권유드렸습니다. 모티바 보형물은 높은 안정성과 부드러운 촉감, 특히 자연스러운 출렁임이 있는 가슴모양을 연출하는 면에서 높은 만족도를 얻을 수 있는 제품입니다.

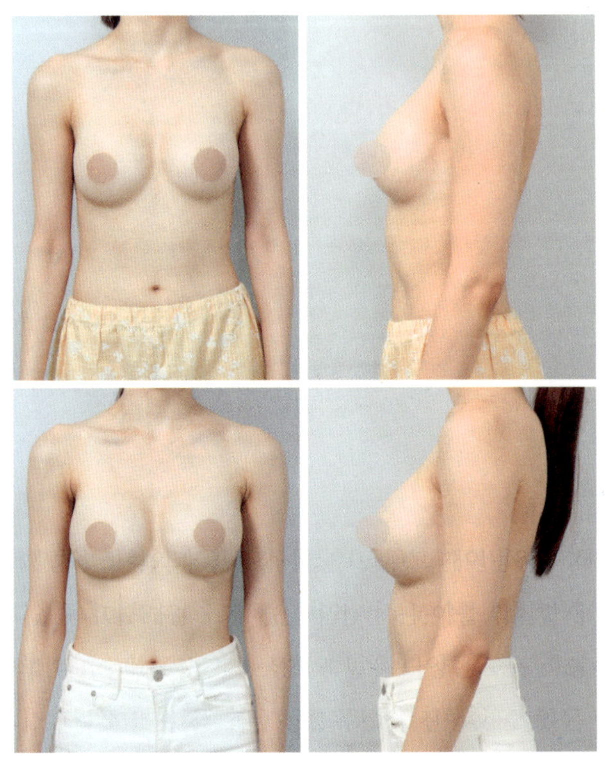

　　이번 수술의 주요 목표는 단순히 보형물을 교체하는 데 그치지 않고, 기존에 개선되지 못했던 비대칭 문제와 가슴골 라인을 개선하며, 동시에 환자분이 원하시는 보다 풍성하고 자연스러운 볼륨을 실현하는 데 있었습니다. 수술은 겨드랑이 절개를 통해 진행되었으며, 이는 첫 수술 때와 동일한 절개 부위를 사용하여 추가적인 수술 흉터를 최소화하는 방식으로 계획되었습니다.

수술 후 일주일이 지난 후저는 매우 인상적인 소감을 들을 수 있었습니다. 많은 분들이 재수술은 첫 수술보다 통증이 심하거나 회복이 더디다고 생각하시지만, 실제로는 재수술의 경우 이미 공간이 확보된 상태에서 진행하는 부분이기 때문에 상대적으로 첫수술에 비해 통증이 심하지 않습니다. 이 환자분도 오히려 첫 수술 때보다 통증이 적고 회복이 빠르다고 말씀하셨습니다. 확대된 보형물이 자신의 체형과 더 잘 맞아서 비대칭적인 모양도 개선되었고, 환자분 스스로도 거울을 볼 때 확실히 더 이상적인 라인이 형성되었다는 것을 실감하고 계셨습니다.

3개월 차에는 촉감, 모양, 가슴골 모두에서 눈에 띄는 개선을 체감하셨고, 일상생활에 불편함 없이 잘 지내고 있다는 말씀을 전해주셨습니다. 병원에서 진행하는 사후관리 프로그램에 성실히 참여하시면서, "박사님 말씀만 잘 들으면 빠르고 예쁘게 회복할 수 있다"는 꿀팁까지 예비 환자분들에게 전하고 싶다고 하셨습니다. 저 역시 환자분의 긍정적인 마음가짐과 협조 덕분에 더 좋은 결과를 만들어낼 수 있었다고 생각합니다.

수술 후 1년이 지난 지금, 환자분은 스스로가 먼저 이야기하지 않으면 가슴 수술을 했다는 사실을 아무도 모를 정도로 자연스럽고 세련된 가슴 모양을 자랑하고 계십니다. 재수술을 겨드랑이 절개로 진행했음에도 불구하고 팔 사용에 전혀 불편함이 없고, 촉감 역시 매우 자연스러워 "내 몸 같은 느낌"이라고 표현하셨습니다. 무엇보다 환자분은 "수술 전에는 고민하고 걱정하던 시간이 너무 길었는데, 지금은 그 시간이 아까울 정도로 수술 후 삶의 질이 높아졌다"고 강조하셨습니다.

이 사례는 단순한 보형물 교체를 넘어, 환자 개인의 불만족스러운 부분을 세밀하게 분석하여 더 높은 만족도를 이끌어낸 좋은 예라고 할 수 있습니다. 재수술은 단순히 이전 상태를 복구하는 것을 넘어, 처음 수술 때 미처 개선하지 못했던 부분까지 정교하게 다루어야 하는 고난이도의 작업입니다. 따라서 풍부한 경험과 높은 숙련도를 가진 전문의를 선택하는 것이 무엇보다 중요합니다. 특히 겨드랑이 절개는 내시경을 통해 시야를 확보하고 세밀한 수술을 할 수 있는 장점이 있지만, 충분한 숙련도가 없으면 재수술 시 난이도가 크게 높아질 수 있기 때문에 경험 많은 전문가와의 상담을 통해 결정하실 것을 권합니다.

4-1 가슴수술 병원, 의사 선택전 알아야할 3가지는?

가슴 성형 수술 하루 전날, 많은 분들이 설렘과 불안이라는 상반된 감정을 동시에 느끼곤 합니다. "내일이면 전혀 다른 모습의 내가 되는 걸까?", "아플까?", "잘 될까?" 같은 수많은 질문들이 머릿속을 떠나지 않죠. 특히 원데이 가슴 성형처럼 수술 전 상담과 검사, 수술이 하루에 모두 진행되는 경우, 마음의 준비를 미리 해두는 것이 필요합니다.

수술 하루 전날, 꼭 준비해야 할 3가지 핵심사항을 정리해드리겠습니다.

① 어떤 절개 방법으로 수술을 할지 생각해두세요.
가슴 성형 수술의 절개 부위는 대표적으로 겨드랑이 절개와 밑선 절개가 있습니다.

겨드랑이 절개는 흉터가 눈에 띄지 않아 미용적으로 매우 유리하지만, 내시경 수술 경험이 풍부한 의료진이 아니면 회복이 오래 걸릴 수 있습니다.

밑선 절개는 흉터가 가슴 아래 주름에 생기지만, 가슴방을 직접 눈으로 보며 수술할 수 있기 때문에 수술이 정교하고 회복도 빠릅니다.

두 절개법 모두 장단점이 있기 때문에 본인의 우선순위<흉터 vs 회복 속도

vs 수술 안정성>와 수술을 집도할 의사의 숙련도를 고려해 미리 생각해두시면 당일 상담 시 훨씬 수월하게 결정할 수 있습니다.

② 어떤 보형물을 선택할지도 미리 알아보세요.

보형물은 그 종류와 촉감, 모양, 탄성 등이 다르기 때문에 직접 만져보면서 차이를 체험해보는 게 좋습니다.

모티바, 멘토 등은 국내 식약처 허가를 받은 대표 브랜드이며,

내추럴한 촉감, 볼륨감, 파열 방지에 대한 내구성 등은 각각 장단점이 있습니다.

최근에는 '어떤 브랜드가 최고인가'보다 나의 체형과 원하는 결과에 가장 적합한 보형물이 무엇인가가 더 중요하게 여겨지고 있습니다. 보형물의 프로젝션(높이)이나 볼륨이라는 용량도 매우 다양하기 때문에, 미리 본인이 원하는 모양(자연스러움 vs 볼륨감)을 이미지로 가져오시면 상담에 큰 도움이 됩니다.

③ 나는 왜 이 수술을 하려는가? 스스로에게 꼭 물어보세요.

사람마다 가슴 수술을 결심하게 된 출발점은 다릅니다.

남자친구나 배우자의 권유?

친구가 해서 나도?

아니면 오래전부터 스스로 원하는 나만의 콤플렉스 해결?

가슴 수술은 남을 위한 것이 아닌 '나를 위한 선택'이어야 합니다.

남의 시선보다는 자신의 만족과 자존감을 위한 결정이어야 후회가 없습니다.

수술 후 변화된 내 모습을 상상하며 자신이 원하는 이상적인 가슴 모양과 사이즈에 대한 기준도 다시 한번 정리해보세요. 거울 앞에 서서 가슴의 모양, 유두의 방향, 윗가슴 볼륨 등을 천천히 관찰해보는 것도 좋습니다.

가슴 성형은 단순한 수술이 아니라, 오랜 시간 자신이 안고 살아온 고민을 내려놓는 용기 있는 선택입니다. 수술 전날의 고민과 질문이 많을수록, 수술 후 결과에 대한 만족도도 높아집니다.

이제 하루 남았습니다.

오늘은 편안한 마음으로 내일의 '새로운 나'를 기대해보세요.

4-2 가슴 성형 10년후, 보형물 교체를 위한 가슴재수술을 하라는 진짜 의미

가슴 성형을 받은 분들 중 상당수가 '10년이 지나면 무조건 보형물을 교체해야 한다'는 이야기를 듣고 걱정합니다. 이 말은 절반은 맞고, 절반은 오해입니다. 보형물은 인공 구조물이기 때문에 시간이 지나면 마모가 일어날 수 있습니다. 그러나 이 마모의 정도는 개인의 신체 조건, 활동량, 보형물 종류 등에 따라 다르며 10년이 되었다고 해서 반드시 파손되거나 교체가 필요한것은 아닙니다. 일반적으로 가슴 보형물 제조 회사들이 보증 기간을 10년으로 설정하고 있기 때문에 이로 인해 '10년이면 교체해야 한다'는 인식이 퍼지게 된 것이지, 의학적으로 10년이 되었다고 해서 무조건 교체가 필요한 것은 아닙니다.

과거에는 이런 오해가 더 많았습니다. 2007년 이전까지 한국에서 사용할 수 있었던 보형물은 대부분 생리식염수 보형물이었습니다. 이 보형물은 실리콘 백 안에 생리식염수를 주입하는 구조로 되어 있는데, 시간이 지남에 따라 밸브가 마모되거나 백이 접히면서 내용물이 밖으로 세어나오는 문제가 발생했었습니다. 접힌 부분의 반복적인 마찰은 보형물 파손의 원인이 되었고, 이로 인해 일정 시간이 지나면 재수술이 필요할 정도로 내용물이 세어 나와서 보형물이 작아지고 우글거리는 만져짐이 생기는 경우가 많았습니다. 그래서 오랜 시간이 지나면 보형물은 반드시 교채해야 한다는 인식이 생겼습니다 하지만, 현재는 '코헤시브 겔'이라는 실리콘 겔이 채워진 보형물을 사용하고 있으며, 이 보형물은 구조적으로도 훨씬 더 안정적입니다. 보형물 파열이나 구형구축 등 특수한 문제가 발생하지 않는 이상 단순히 시간이 지났다는 이유로 교체할 필요는 없습니다. 그렇다면 정말 신경 써야 할 것은 무엇일까요?

가장 중요한 것은 '정기적인 검사'입니다. 어떤 종류의 보형물을 사용했든, 성형 수술을 받은 이후에는 정기적으로 가슴 상태를 체크하는 것이 필수적입니다. 미국 FDA에서는 가슴성형을 받은 후 첫 검사는 수술 3년 후에 시행하고, 이후로는 2년에 한 번씩 검사를 받을 것을 권장하고 있습니다. 보형물에 문제가 생긴 경우 환자가 자각 증상을 느끼는 경우도 있지만, 많은 경우에는 아무런 증상이 없이 조용히 문제가 진행되기도 합니다. 겉으로 보기엔 전혀 이상이 없어 보여도 내부적으로는 파열이나 피막 이상 등이 생길 수 있기 때문에, 이상이 없을 때에도 검사를 받는 것이 중요합니다. 우리나라처럼 의료 접근성이 좋은 환경이라면 1년에 한번 정도는 정기검진을 통해 검사를 받으시길 권고드립니다.

건강검진은 건강할 때 받는 것이 여러가기 질병의 조기 발견의 지름길이듯, 가슴 보형물도 이상이 없어 보인다고 생각되어도 정기적인 검진을 받는 것이 가장 현명한 관리 방법입니다. 10년에 한번씩 재수술이 아닌 1년에 한번씩 검사받는 것, 이것이 아름다운 가슴을 오래 유지하는 진짜 비밀입니다.

유방 합체증 재수술 사례_ 겨드랑이 절개만으로 완벽 개선하다

172cm, 50kg의 늘씬한 체형을 가진 이 환자분은 약 3년 전 겨드랑이 절개를 통해 첫 가슴수술을 진행했습니다. 당시 수술은 별문제 없이 마무리되었지만 시간이 지나면서 유방 합체증이라는 부작용이 발생했습니다. 유방 합체증은 보형물을 감싸는 피막이 두 가슴 사이의 연부조직을 압박하거나 붙으면서 가슴골 부위가 과도하게 좁아지고 비대칭이 발생하는 증상으로, 심한 경우 일상 속에서도 불편함과 스트레스를 크게 느낄 수 있습니다. 환자분은 이 문제를 해결하기 위해 여러 병원을 찾아다니며 상담을 받았지만, 대부분의 병원에서는 현재의 합체증 상태는 겨드랑이 절개로는 교정이 어렵고 밑선 절개를 통해야만 개선할 수 있다는 답변만 듣고 돌아왔습니다. 하지만 환자분은 직업적인 이유와 심리적인 부담 때문에 밑선 절개를 통한 수술이 불가능했고, 새로운 흉터가 생기는 것에 강한 거부감을 가지고 있었습니다. 그렇게 고민만 거듭하던 중 환자분은 겨드랑이 절개 재수술 분야에서 다년간의 경험과 수많은 임상 케

이스를 보유한 저를 찾아왔습니다. 저는 내시경을 이용하면 겨드랑이 절개로도 충분히 시야를 확보할 수 있으며, 잘못 형성된 피막을 완전제거하여 합체증 현상을 개선할 수 있다고 설명했습니다. 일반적으로 고난이도의 재수술은 밑선 절개가 용이하지만, 겨드랑이 절개에 특화된 숙련된 내시경 기술과 세밀한 박리 및 봉합 술기가 있다면 겨드랑이 절개만으로도 충분히 해결 가능하다는 설명에 환자분은 큰 신뢰를 느꼈고 최종적으로 수술을 결심했습니다.

이번 재수술에서는 기존 보형물을 모티바 355cc Full Type으로 교체하고 잘못 형성된 피막을 제거해 좌우 대칭과 가슴골 라인을 재조정하는 작업이 진행되었습니다. 환자분은 첫 수술보다 더 떨리고 긴장되었다고 표현했지만, 병원 직원들의 따뜻한 배려 덕분에 마음을 조금이나마 놓고 수술에 임할 수 있었다고 전했습니다. 무엇보다 이번이 마지막이라는 각오로 수술실에 들어갔던 기억이 강하게 남았다고 합니다. 수술 다음날 치료실에서 탈의를 하고 경과를 확인한 환자분은 하루 만에 달라진 가슴 모양에 크게 놀랐습니다. 붓기가 남아 있긴 하지만 안쪽으로 양쪽이 붙어가던 가슴이 제자리를 찾았고 모양도 전보다 훨씬 자연스러워졌습니다. 환자분은 재수술이라서 통증이 심할까 걱정했지만 의외로 첫 수술보다 덜 아팠다고 했습니다. 이미 가슴방(보형물이 들어가는 공간)이 어느 정도 만들어진 상태였기 때문에 재수술 시 박리 범위만 조절하면 되는 재수술의 특성상 상대적으로 통증이 덜할 수 있었습니다.

수술 후 3주가 지나면서 환자분은 붓기 관리와 촉감 개선 관리를 병행하며 회복기를 보냈고, 아직은 약간 탱탱한 느낌이 있었지만 모양은 이미 잘 자리 잡아가고 있어 만족스럽다고 전했습니다. 6개월 차에는 부기가 완전히 빠지고 촉감도 부드러워졌으며 여름에는 비키니까지 도전할 수 있었다고 합니다. 첫 가슴수술 이후 얼마 되지 않아 어색하고 이상한 가슴 모양 때문에 자신감을 가지지 못했던 모습과 비교해 이제는 가슴수술을 받은 것이 실감날 정도로 만족스러운 하루하루를 보내고 있다고 말했습니다.

유방 합체증은 단순히 보형물 교체만으로 해결되는 문제가 아니며, 피막의 위치와 성질, 피부·조직의 상태, 박리 방향 등을 세밀하게 고려해야만 성공적인 교정이 가능합니다. 특히 겨드랑이 절개 재수술은 내시경 술기에 대한 고난이도의 숙련도가 요구되며, 이는 모든 병원에서 쉽게 시도할 수 있는 방식이 아닙니다. 이번 사례는 다년간 겨드랑이 절개 재수술에 집중해온 저의 경험과 기술이 있었기에 가능한 고난이도 수술로 평가되며, 환자분은 단순히 외형 개선뿐 아니라 심리적·사회적 자신감까지 회복해 삶의 질을 크게 높일 수 있었습니다.

5-1 가슴 성형 수술 후 피주머니를 꼭 해야하나요?

가슴 성형을 앞둔 분들께서 가장 많이 하시는 질문 중 하나는 "수술 후 피주머니를 꼭 착용해야 하나요?"입니다. 병원마다 피주머니 사용에 대한 안내가 조금씩 달라 혼란을 겪는 경우가 많습니다. 이번 기회를 통해서 피주머니의 정확한 역할과 그 필요성, 그리고 제가진행하고 있는 가슴 성형 수술의 철학에 대해 설명드리고자 합니다.

피주머니는 가슴 성형뿐 아니라 다양한 외과 수술 후에 사용하는 배액 장치입니다. 수술 과정에서 발생하는 출혈을 외부로 배출하기 위해 피부 밖으로 연결된 배액관을 통해 피를 밖으로 모으는 용도입니다. 일반적으로 수술 시 출혈이 많지 않다면 우리 몸이 자연스럽게 흡수할 수 있지만, 출혈량이 많은 경우에는 체내에 고인 혈액이 굳어 혈종으로 이어질 수 있습니다. 이는 감염이나 구형구축 등의부작용의 원인인자가 될 수 있기 때문에 수술 도중 출혈이 생겼다면, 그 혈액을 밖으로 배출해주는 피주머니가 필요해집니다.

하지만 피주머니는 장점만 있는 것은 아닙니다. 우선, 외부로 연결된 배액관 때문에 움직임이 불편하고, 위생 관리에 신경을 써야 하며 감염 위험도 존재합니다. 실제로 여러 연구에서는 배액관을 타고 세균이 유입되어 감염이 발생한 사례도 보고되고 있습니다. 또한 피주머니 삽입 부위에 흉터가 남을 수 있고, 제거 시 통증도 발생할 수 있습니다. 작은 흉터도 최소화하려는 저의 수술 철학과는 거리가 있는 부분이기도 합니다.

그렇다면 피주머니를 무조건 사용해야 할까요? 그렇지 않습니다. 저는 가슴 확대 수술 시 피주머니를 사용하지 않는 것을 원칙으로 삼고 있습니다. 특히 겨드랑이 절개를 통한 내시경 가슴 확대 수술의 경우, 내시경으로 수술 부위를 직접 육안으로 모니터를 통해 확인하며 박리하고, 필요한 부위만 정밀하게 수술하기 때문에 출혈량을 최소화할 수 있습니다.

제가 피주머니 없이도 안전하게 수술을 진행할 수 있는 이유는, 오랜 기간 동안 쌓아온 수술 경험과 섬세한 내시경 박리 기법 덕분입니다. 출혈이 발생할 수 있는 부위를 미리 예측해 회피하고, 혹여 출혈이 생기더라도 빠르게 지혈함으로써 피주머니 없이도 회복이 가능한 수준의 출혈만 유도합니다. 이로 인해 통증도 적고, 수술 후 회복 속도 또한 빠릅니다.

수술 경험이 쌓이면 쌓일수록 결국 그 차이는 환자의 회복 과정에서 드러나게 됩니다. 같은 내시경을 사용했다 하더라도 회복 속도나 통증의 정도, 흉터의 범위 등이 다른 이유는 바로 이 정교한 기술력의 차이 때문입니다.

가슴 성형은 단순히 볼륨만을 키우는 수술이 아닙니다. 저는 한 명, 한 명의 환자에게 최적의 밸런스를 가진 가슴을 만들기 위한 수술을 넘어, 최대한 빠르고 편안한 회복을 돕는 수술을 목표로 하고 있습니다.

수술 전, 피주머니 착용에 대한 여부는 반드시 확인하시고, 본인의 몸에 어떤 방식이 맞는지를 이해하신 후 수술을 결정하시기 바랍니다. 안전하고도 아름다운 가슴 성형은, 출혈 없이도 가능합니다. 단, 그만큼의 노하우와 경험을 가진 전문가에게 수술을 받으시는 것이 중요합니다.

5-2 흉터는 줄이고, 만족도는 높이고 – 겨드랑이 절개수술의 비밀

제가 성형외과를 개원한 지 어느덧 22년이 되었습니다. 그 중에서도 가슴성형을 전문적으로 다뤄온 시간만 벌써 15년을 넘었고, 지금까지 수술한 겨드랑이 절개 내시경 가슴 성형 건수는 1만 건이 훌쩍 넘습니다. 매일같이 수술실에서 보내온 시간이 누적되며 한 가지 확신하게 된 것은, 수술의 결과는 기술력만으로 완성되지는 않는다는 점입니다. 환자와의 끊임없는 소통과 무엇보다도 눈에 보이지 않는 작은 흉터와 환자를 배려하는 부분까지 더해질 때, 진정한 만족이 완성된다는 것입니다.

수많은 환자분들과의 상담을 진행하며 느낀 공통점이 있습니다. 환자분들이 가장 많이 질문하는 두 가지가 있는데, 하나는 보형물의 종류에 대한 것, 다른 하나는 절개 부위에 대한 것이라는 것입니다. 워낙 정보가 넘치는 시대이다 보니 보형물에 대해서는 미리 공부하고 오시는 분들이 많습니다. 반면 절개 부위에 대해서는 가슴 밑선절개와 겨드랑이 절개에 대한 오해가 많고, 나아가 잘못된 정보로 인해 가슴성형 자체에 걱정을 안고 오시는 분들도 많습니다.

겨드랑이 절개법은 흉터가 노출되지 않는다는 장점이 있습니다. 수술을 통해 더 아름다워지고자 하는 여성에게 몸에 보이는 흉터는 큰 심리적 부담이 되기 때문에, 겨드랑이 절개법은 특히 젊은 여성분들에게 선호도가 높습니다. 더불어 내시경 장비를 활용하면 박리 과정에서 혈관이나 신경 손상을 최소화할 수 있어, 수술 후 감각 저하나 통증을 줄일 수 있는 장점이 있습니다.

다만 이 방식은 절개 범위에 비해 박리해야 하는 부위가 넓기 때문에, 수술 난이도가 상대적으로 높습니다. 고도의 집중력과 손기술이 필요한 만큼, 경험이 많지 않다면 권하기 어려운 접근입니다.

제가 가슴 성형을 처음 배우던 시절에는 선배 의사들의 술기를 한 번이라도 더 따라 해보려는 마음으로 수술 장면을 눈에 담고, 직접 내 손으로 익히기 위해 많은 노력을 했습니다. 그렇게 수많은 경험이 쌓인 후 부터는 단순한 수술의 반복을 넘어, 나만의 기준과 수술 철학을 세워야겠다는 생각이 들었습니다. 그 결과로 제가 오랜 시간 다듬어 온 수술 방식이 바로 내시경 100% 겨드랑이 절개 가슴확대 수술입니다. 가슴방이라는 보형물 공간을 만들 때 다른 수술도구는 사용하지 않고 오로지 내시경 장비만을 사용해서 정확하고 섬세한 박리를 진행하는 방식입니다.

반면, 밑선 절개는 수술 접근이 쉬워 외과적으로는 수월한 방식입니다. 내시경 없이도 보형물 삽입공간을 위한 시야확보가 용이하기 때문에 수술 시간이 단축되고 박리가 편하지만,가슴 밑선 주름이 발달하지 않은 경우에는 흉터가 정면에서 노출될 수도 있습니다. 일부 병원에서는 이런 점을 환자에게 미리 충분히 설명하지 않은 채 단순히 '밑선 절개가 더 적합하다'는 말로 권유하기도 합니다. 실제로 저희 병원에 오시는 분들 중에는 이미 타 병원에서 밑선 절개가 더 적합하다는 상담을 받고 오시는 경우가 종종 있습니다. 그런데 이 '적합하다'는 말의 의미가 꼭 환자의 해부학적 조건 때문만은 아닐 수 있습니다. 사실상 의료진의 경험 부족이나 접근 편의성을 이유로 밑선 절개를 권장하는 경우도 많기 때문입니다.

저는 개인적으로, 겨드랑이 절개를 통해서 모든 가슴확대 수술이 가능하다고 생각합니다. 숙련된 내시경을 사용할 수 있는 기술과 충분한 경험이 있다면 대부분의 경우에서 겨드랑이 절개를 통해서 안전하고 효과적으로 적용할 수 있습니다. 더 중요한 것은, 수술 후 환자가 만족할 수 있는 최소한의 흉터를 만드는 부분에서는 겨드랑이 절개가 더 만족스럽다는 것입니다.

기억에 남는 환자 한 분이 있습니다. 타 병원에서 밑선 절개를 권유받고 고민하다 저희 병원을 찾은 분이었습니다. 흉터에 대한 걱정이 크셨고, '팔을 못 움직이게 되진 않을까' 하는 두려움도 있으셨습니다. 내시경 100% 겨드랑이 절개 수술을 시행한 뒤, 많이 아프지도 않고, 멍이 없고 많이 붓지도 않고, 회복이 빠르고 팔도 자유롭게 움직일 수 있었다며 신기해하시면서 감사의 인사를 전해주셨습니다. 그 순간, 그간의 노력들이 헛되지 않았음을 느꼈고, 저 역시 큰 보람과 자부심을 얻을 수 있었습니다. 성형외과 수술은 미용적인 부분이지만 동시에 의학입니다. 기능과 심미적인 부분, 회복과 안전 사이의 균형을 잡기 위해 끊임없이 고민하고 개선하는 것이 필수라고 생각합니다. 절개 부위를 고민하고 있는 분들이 있다면, 단순히 흉터의 위치가 아니라 수술 후 삶의 질까지 고려해 현명한 결정을 하시길 바랍니다.

사례6.
흉터 없이 예전 몸매로!
출산 후 엄마의 가슴성형 성공기

평범한 체형으로 보이는 환자분이 두 차례의 출산과 수유 이후 가슴의 처짐과 탄력 저하로 저희 병원을 방문하셨습니다. 이미 재왕절개로 복부에 흉터가 남아 있어 추가적인 흉터를 피하고자 겨드랑이 절개 방식을 선호하셨으며, 처진 가슴의 개선뿐 아니라 흉터 최소화라는 두 가지 요구사항을 함께 해결해야 하는 케이스였습니다. 환자분의 모유 수유는 이미 종료된 상태였으며, 남편분과 함께 내원하셔서미용적인 측면 뿐 아니라, 기능적인 측면의 가슴 성형에 대해 진지하게 상담을 요청하셨습니다. 환자분은 출산과 육아로 변화된 체형에서 오는 상실감과 우울감을 호소하셨으며, 단순한 미용 목적을 넘어서 삶의 질 개선을 위해 수술을 고려하고 계셨습니다.

상담에서 가장 중요한 부분은 보형물의 선택과 절개 부위의 결정이었습니다. 환자분은 본래 함몰유두였으나 첫째 출산 후 유두 크기와 형태가 변형되었고, 둘째 출산 후에는 유선조직과 피부의 탄력이 크게 저하되어 가슴 볼륨 감소와 처짐이 동반된 상태였습니다. 환자분은 가슴이 지나치게 도드라지는 느낌은 원하지 않았고, 자연스러운 볼륨감을 추구하셨습니다. 또한, 옆라인이 부자연스럽게 튀어나오는 형태는 피하고 싶다는 점을 분명히 하셨습니다. 여러 차례의 보형물 피팅과 상담을 거친 결과, 모티바 315cc Full Type 보형물을 이용해서 C컵 정도로 수술할 계획을 세우고, 내시경을 이용한 겨드랑이 절개 기법을 적용해 처진 가슴을 개선하기로 하였습니다.

수술 당일 환자분은 가슴 수술 자체보다도 두 번째로 또 다시 큰 수술을 받게 된다는 점에서 심리적 긴장과 부담감을 많이 표현하셨습니다. 하지만 저는 다수의 출산·수유 후 가슴성형 케이스를 겨드랑이 절개로 진행한 풍부한 경험과 전문성을 바탕으로, 환자분에게가슴 부위에 늘어진 피부를 제거하면서 생기는 흉터를 생기지 않게 하는 선에서 할 수 있는 최선의 모양을 설명드리고, 보형물만으로 가슴 확대 수술을 안전하게 진행했습니다. 수술 직후 환자분은 이미 수술 직후 부기 상태에서도 가슴 모양의 개선을 확인할 수 있었고, 기존의 꺼지고 처진 가슴의 형태가 보강되고, 자연스러운 라인이 형성되었음을 직접 확인하셨습니다. 물론 하수 거상 수술을 병행해서 진행하지 않았기 때문에 처진 가슴의 유두 위치가 올라오면서 가슴이 올라간 효과를 극대화 시키지는 못했지만, 흉터가 남지 않는 부분으로 충분한 만족감을 표시하셨습니다.

회복 과정에서 환자분은 초기 이틀간 통증과 불편감을 호소하셨으나, 2-3일 만에 충분히 일상 생활이 가능할 정도로 회복하실 수 있었습니다. 수술후 일주일이 되는 시점에서는 겨드랑이 통증도 빠르게 안정화되었고, 가슴 모양도 점차 자연스러워졌습니다. 수술후 6개월 시점에는 붓기가 완연하게 가라앉고 촉감이 부드러워졌으며, 환자분은 자신감을 회복하고 여름에는 비키니를 착용하며 예전과는 다른 삶을 즐기고 계셨습니다. 무엇보다 운동이나 육아 등 일상생활에서 불편함 없이 지낼 수 있었던 점이 큰 만족 요인이었습니다.

환자분은 회복 후 여러 차례 "출산과 수유가 끝난 지금보다는 젊었을 때 일찍 수술을 받았다면 더 많은 것을 누릴 수 있었을 것 같다"는 소회를 밝혀주셨습니다.

젊은 연령대에서의 처진 가슴 성형은 신체적 회복력과 만족도가 높은 만큼, 출산·수유 이후까지 무작정 미루기보다는 전문 의료진과 충분히 상담해 보시고, 본인의 상황에 맞게 최적의 시점을 결정하는 것이 중요합니다. 저는 앞으로도 이런 환자분들에게 표준화된 술기와 맞춤 상담을 통해 최적의 결과를 제공할 것을 약속드립니다.

6-1 가슴성형, 흉터가 많이 남지 않을까요?

가슴 수술을 고민하는 많은 분들이 가슴의 크기나 수술 방법도 중요하게 생각하지만, 가장 걱정하는 것이 바로 수술 후 남게 될 절개 흉터입니다. 실제로 상담 시 가장 자주 나오는 질문은 아래 두 가지입니다.

"절개 부위 흉터의 크기는 어느 정도인가요?"
"티가 많이 나지는 않을까요?"

☑ 흉터에 가장 큰 영향을 주는 건 '절개 방법'

가장 많이 사용되는 가슴 성형 절개법은 밑선 절개와 겨드랑이 절개입니다. 이 중 제가 전문적으로 진행하는 방식은 겨드랑이 절개법입니다. 그 이유는 겨드랑이는 피부가 자연스럽게 접히는 부위라서 절개선이 눈에 띄지 않고, 피부가 얇고피부 장력이 낮아 흉터가 덜 생기기 때문입니다.

반면, 밑선 절개의 경우에는 평평한 피부에 인위적으로 주름을 만든다는 점에서 시간이 지나도 흉터가 선명하게 남을 수 있고, 절개 부위가 가슴 밑선 주름과 겹치면서 이중 주름처럼 보이기도 합니다. 특히 마른 체형의 환자분들은 밑선이 가려지지 않기 때문에 흉터 노출에 대한 부담이 더 커질 수 있습니다..

흉터는 수술후 6개월에서 1년까지 꾸준히 변화하기 때문에 장기간에 걸친 관리가 필요하며 이런 관리를 통해서 최소한의 흔적이나 일반적인 주름으로 보이도록 남게 할 수 있습니다. 저희 병원은 성형외과 전문의와 피부의료진과의 협진을 통해서 수술후 흉터가 최소한으로만 보일 수 있도록, 흉터가 보이지 않는 걸 목표로 흉터 관리를 해드리고 있습니다.

수술 후 흉터는 개인차가 있지만 보통 6개월부터 붉은기는 사라지고 색소침착이 생기면서 1년이 지나면 색소 침착이 옅어지면서 피부 주름처럼 자연스럽게 변하는 경우가 많습니다. 하지만 피부 재생 능력, 멜라닌 색소 반응, 콜라겐 형성 체질에 따라 흉터가 오래 남거나 색소침착이 생기는 경우도 있습니다.

이럴 경우, 흉터 치료에 더 섬세한 접근이 필요합니다. 중요한 점은, 가슴 성형 후 흉터 관리는 단순 연고나 패치로 끝나지 않는다는 것입니다.

가슴 성형 후 흉터 관리는 반드시 피부과 의료진과의 협진 시스템이 있는 병원에서 진행하는 것이 좋습니다. 흉터 관리는 보통 수술 후 6개월부터 본격적으로 시작되며, 이 시점부터 어떤 방법으로, 얼마나 꾸준히 관리하는지에 따라 흉터 결과가 달라집니다.

흉터 치료 방법에는 다음이 포함됩니다:
- 레이저 치료 (프락셔널, 토닝 등)
- 흉터 주사 (스테로이드, 재생 촉진 주사)
- 흉터 연고 및 테이프 사용

이처럼 절개 후 흉터는 환자와 병원이 함께 노력해야 하는 민감한 문제입니다. 병원이 아무리 좋은 장비를 가지고 있어도, 환자의 사후 관리 의지가 부족하면 흉터 개선 속도는 더뎌질 수밖에 없습니다. 반대로, 병원의 시스템이 갖춰져 있지 않으면 환자의 꾸준한 관리에도 불구하고 흉터가 더 눈에 띌 수 있습니다.

가슴 성형 후 흉터는 결코 간과해서는 안 될 중요한 요소입니다. 절개 부위, 수술 방식, 봉합법, 그리고 수술 후 사후 관리까지 전 과정에서 섬세한 전략이 필요합니다.

눈에 띄는 흉터 없이 아름답고 자신감 넘치는 가슴 라인을 위해서는 경험 많은 의료진과 피부과 의료진과의 협진이 가능한 병원에서 충분한 상담을 통해 계획을 세우는 것이 첫 걸음입니다.

가슴 성형보다 더 중요한 것이 회복 과정입니다. 흉터까지 배려하는 수술, 신중하게 선택하시길 부탁드립니다.

6-2 가슴수술후 주의사항 이건 무조건 알고 계셔야 합니다!

　가슴성형을 고려하는 많은 분들이 수술 그 자체만큼이나 궁금해하는 것이 있습니다. 바로"수술 전엔 뭘 준비해야 하나요?","수술 중 마취는 안전할까요?","수술 후에는 어떤 걸 조심해야 하나요?"같은 실제적인 질문들입니다. 이 질문들에 대한 답변은 수술의 결과만큼이나 중요합니다. 수술 전 준비, 수술 중 안전, 수술 후 회복이 삼박자를 이루어야 좋은 결과를 얻을 수 있기 때문입니다. 먼저 수술 전 준비 사항부터 살펴보겠습니다. 많은 분들이 건강을 위해 평소 영양제나 예방 목적의 약물을 복용하고 계시는데, 수술 전에는 반드시 복용을 중단해야 할 지에 대한 확인이 필요합니다. 특히 아스피린은 꼭 중단하셔야 합니다. 아스피린은 혈액 응고 과정을 방해해서 혈액을 묽게 하여 혈전을 예방하는 효과가 있지만, 수술 중에는 이 기능이 오히려 문제를 일으킬 수 있습니다. 출혈이 멈추지 않거나 수술 후 혈종이 생길 수 있기 때문입니다. 같은 이유로 비타민 E, 오메가-3, 은행잎 추출물 등도 수술 최소 일주일 전부터 복용을 중단하시는게 좋습니다. .

　뿐만 아니라, 수술 후에는 일정기간 동안 금연과 금주를 하시는게 좋습니다. 흡연은 혈관 수축을 유발하여 피부와 손상된 조직의 회복을 늦추고 구형구축의 확률을 높일 수 있고, 감염 가능성을 높입니다. 음주 역시 면역력을 떨어뜨려 염증과 합병증의 원인이 됩니다. 권장되는 기간은 최소 2주, 이상적으로는 4주 이상입니다. 특히 흡연자는 수술 후 상처가 잘 아물지 않거나, 미세한 감염으로 인한 구형구축 등의 부작용이 발생할 수 있으므로 반드시 금연을 지키는게 좋습니다.

　수술 당일에는 금식도 중요한 요소입니다. 일반적으로 수술 10시간 전부터는 금식해야 하며, 물조차 마시지 않아야 안전한 마취가 가능합니다. 수면을 충분히 취하고, 가능한 편안한 마음으로 내원하시는 것이 좋습니다. 수술 중에는 안전한 전신마취가 이루어지며, 마취과 전문의가 직접 참여합니다. 이는 단순한 편안함을 위한 것이 아니라, 환자의 생리적인 상태를 철저하게 관리하기 위한 필수 조건이기 때문입니다. 마취 시작 전에는 진정제와 근이완제를 투여하고, 기도삽관을 통해 인공호흡기를 사용해 호흡을 보조합니다. 기도삽관은 목을 통해 숨쉬는 관을 넣는 과정으로, 수술 중 환자가 안정적으로 숨을 쉴 수 있도록 외부에서 호흡기계가 도와줍니다. 일부 환자분들은 수술 후 목이 따끔거리거나 불편감을 호소하기도 하시지만, 이는 일시적인 현상이며 대부분 1~2일 내에 사라집니다. 병원에서는 이 불편함을 줄이기 위해 가능한 부드럽고 안전한 삽관을 시행하고 있습니다.

수술이 끝나면 마취과 전문의는 환자가 자가호흡을 충분히 회복할 때까지 수술실에서 지속적으로 상태를 확인합니다. 이후 환자가 안정적으로 깨어나면 회복실로 이동하게 됩니다. 이처럼 수술 후 회복 단계까지 의료진이 책임지는 구조가 잘 갖춰져 있는 병원인지 확인하는 것도 매우 중요합니다.

수술 후 회복도 정말 중요한 사항입니다. 가장 중요한 것은 처방받은 약물을 빠짐없이 복용하는 것, 그리고 특별하게 디자인된 보정 브라를 꾸준히 착용하는 것입니다. 초기에는 보형물이 자리를 잘 잡도록 압박 및 지지 기능을 하는 특수한 형태의 보정 브라를 착용해야 하며, 보통 5주 정도 착용을 권장합니다. 수면 자세도 회복에 큰 영향을 줍니다. 수술 직후에는 정면을 보고 누운 자세, 즉 천장을 바라보며 자는 자세가 가장 좋습니다. 옆으로 눕거나 엎드리는 자세는 보형물 위치에 영향을 줄 수 있으므로, 적어도 수술 후 1~2일간 주의하셔야 합니다. 또한 과격한 운동은 일정 기간 동안 피하셔야 합니다. 특히 상체를 많이 쓰는 활동(예: 헬스, 요가, 수영 등)은 1달 이후에 재개하는 것이 좋습니다. 물론 수술하는 방법에 따른 운동 제한 기간은 병원마다 다를 수 있으므로, 병원에서 안내하는 스케줄에 따라 정기적인 내원과 사후관리를 받는 것도 수술 결과를 더욱 만족스럽게 할 수는 중요한 요소입니다. .

사례7.
그토록 원하던 아이라인 가슴골을
겨드랑이 절개 수술로 만들다

이번 사례는 164cm, 52kg의 평균적인 체형을 가진 젊은 여성 환자의 내시경 겨드랑이 절개 가슴 성형 수술 이야기입니다. 환자는 AAA컵의 매우 작은 가슴과 상체에 지방이 거의 없는 체형을 가지고 있었으며, 새가슴 형태와 좌우 유두의 위치 차이라는 해부학적 난점을 가지고 있었습니다. 특히 가슴 중앙의 갈비뼈가 뚜렷하게 드러나 있었기 때문에 단순히 큰 보형물을 넣는 것만으로는 자연스러운 볼륨감과 가슴골을 만들기 어렵고, 과도한 사이즈를 선택하게 되면, 리플링이나 보형물 경계가 드러날 우려가 있었습니다.

환자는 상담 당시 E컵 정도의 볼륨을 원했지만, 해부학적 한계와 조직의 수용 범위를 고려해 좌측 330ccmoderate high type, 우측 310cc moderate high type의 멘토 엑스트라 보형물을 선택했습니다. 비대칭 교정을 위해 박리 위치를 조정했고, 부유방 제거도 함께 진행했습니다. 절개는 겨드랑이 절개를 선택했는데 흉터가 눈에 보이지 않는 장점이 있습니다. 저는 풍부한 내시경 수술 경험을 토대로 환자에게 가장 적합한 박리 경로와 보형물 삽입위치를 계획했으며, 특히 새가슴 환자에서 발생하기 쉬운 가슴골 벌어짐이 생기지 않도록, 최대한 가슴골이 모아질 수 있도록 세심하게 신경 썼습니다.

수술 후 환자는 전신마취에서 깬 뒤 큰 통증 없이 회복할 수 있었습니다. 환자는 빠른 회복을 위해서 영양 섭취를 충분히 하면서 처방된 약을 꾸준히 잘 복용하면서 저의 지시에 성실히 잘 따라주었습니다. 이러한 관리 덕분에 수술 후 3주 정도에는 가슴 붓기가 많이 가라앉았고, 수술 후 5주가 지난 시점에서는 윗볼록도 거의 풀리며 자연스러운 형태로 자리잡았습니다.

저는 환자분에게 갑자기 큰 사이즈의 가슴으로 인해서 살이 틀수 있으니 튼살크림, 보습크림, 오일등을 잘 바르면서 튼살이 생기지 않도록 예방하실 수 있도록 권고드리면서, 꾸준한 관리와 캡슐러티스를 통해서 조직의 안정화를 도왔습니다. 결과적으로 환자는 C컵 정도의 자연스러운 볼륨을 얻었고, 몸매 라인도 크게 개선되었습니다. 딱 붙는 옷을 입으면 글래머러스한 실루엣이 드러나지만, 일상복에서는 자연스러운 느낌으로 만족감을 표현했습니다.

이번 수술에서 중요한 것은 단순히 큰 가슴을 만드는 것이 아니라, 환자의 해부학적 한계와 생활패턴, 심리적 기대치를 종합적으로 고려해 가장 안전하고 조화로운 결과를 만드는 것이었습니다. 무리한 볼륨 욕심을 부리지 않고, 세밀한 박리와 맞춤형 계획을 통해 얻은 결과였기에 집도의로서 만족스러운 케이스였습니다.

환자는 "성형은 한 살이라도 어릴 때 하는 게 맞다"는 소감을 전하며 수술 이후 자신감을 되찾고, 불편한 보정 브라를 벗고 여름철에는 당당해진 모습으로 자신감을 되 찾으셨다는 말씀을 전해 주셨습니다. 저는 앞으로도 이런 환자들의 이야기를 귀담아듣고, 각각의 조건과 바람을 존중하며 안전하고 섬세한 성형 수술을 이어나갈 것입니다. 자연스러운 아름다움은 환자와 의사가 함께 만들어가는 것임을 다시 한번 느낀 사례였습니다.

7-1고속도로 가슴골, Y골 피하고 싶은 사람은?

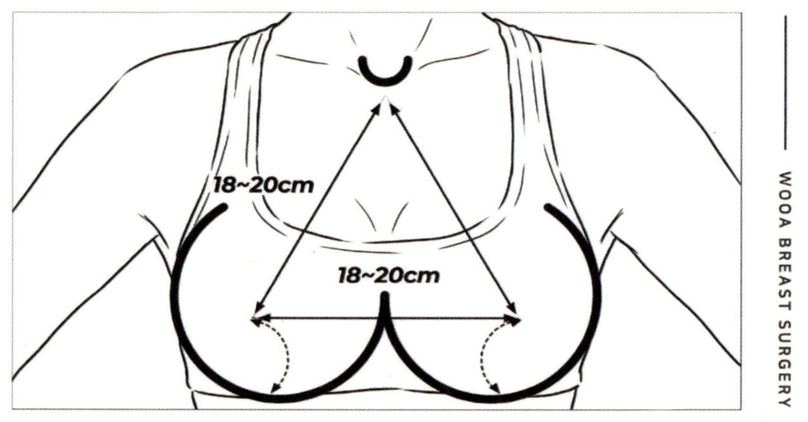

자연스러운라인 가슴골_스킬과 노하우

가슴 성형을 고려하시는 분들이 가장 많이 하시는 요청 중 하나는 바로 "자연스럽고 수술 티 안 나는 가슴"입니다. 요즘은 '꾸안꾸(꾸민 듯 안 꾸민 듯)' 스타일이 트렌드인 만큼, 가슴 수술도 티 나지 않게 자연스러운 결과를 추구하는 분들이 많아졌습니다. 그 중심에는 바로 'I라인 가슴골'이라는 키워드가 있습니다.

수술 잘 됐다는 말, 어떻게 판단하나요?

수술 결과를 평가할 때 흔히 말하는 기준은 세 가지입니다:

- 모양이 자연스러울 것
- 촉감이 부드러울 것
- 가슴골이 예쁠 것

이 중에서도 '가슴골'은 가장 눈에 띄는 부위이기 때문에 수술 결과에 대한 만족도를 크게 좌우합니다.

☑ I라인 가슴골이란?

'I라인'은 마치 수술하지 않은 큰 가슴이 부드럽게 잘 모여서 가슴골이 'I'자 형태로 보이는 것으로 가슴골이 노출된 딱 붙는 옷을 입었을 때 자연스럽게 드러나며, 최근에는 이러한 가슴골 모양이 자연스럽고 예쁜가슴으로 많은 분들이 이 모양을 선호합니다.

하지만 아무리 가슴이 크더라도, 유방이 바깥으로 퍼져 있거나 처짐이 심하면 I라인 가슴골은 어렵습니다. 그래서 기존에 가슴이 큰 분들도 '고속도로' 현상이라고 하는 벌어진 가슴골로 고민하시는 경우가 많습니다.

I라인 가슴골, 어떻게 만들까요?
가슴골을 예쁘게 만들기 위해서는 다음 조건이 필요합니다:

- 적당한 흉골 간격의 거리
- 내측 유방 조직이 어느정도 존재하면서 일정정도 모여 있을 것
- 적절한 조직 탄력과 적절한 피부 두께

이러한 조건들 때문에 동양 여성들의 경우, 가슴골이 자연스럽게 모이기 어려운 체형이 많습니다. 이럴 경우 의사의 수술 테크닉이 더 중요해집니다.

핵심은 '대흉근 박리' 기술입니다.

가슴골을 만드는 핵심은 보형물을 삽입할 공간을 어디까지, 어떻게 박리하는 가에 대한 부분입니다. 특히 '이중 평면법'의 진보된 방법인 삼중평면법으로 수술하게 되면, 정확한 대흉근의 박리를 통해서 근육의 재배치가 이루어지고, 가슴골이 자연스럽게 안으로 모이고 윗가슴의 볼륨도 자연스럽게 채워집니다.

이렇게 수술하게 되면, 대흉근이 보형물을누르는 압력에 따라 속옷 라인에서 자연스럽게 가슴이 안으로 밀리며 I라인 가슴골이 완성됩니다. 단순히 절개만 잘하는 것이 아니라 입체적으로 모양을 잡는 수술적 테크닉이 관건이 되는 이유입니다.

마른 체형도 I라인 가능할까?
이런 질문을 많이 받습니다.

"살이 없고 마른데도 가능할까요?"

정답은 가능하다 입니다. 단, 마른 체형에서는 피부가 얇고 조직이 부족하기 때문에 보형물이 드러나거나 보형물의 촉감이 그대로 탱탱하게 느껴질 수 있는 단점이 있습니다. 이런 경우, 하이브리드 가슴성형이 좋은 대안이 됩니다.

☑ 하이브리드 가슴성형이란?

하이브리드 수술은 보형물 삽입을 통한 가슴 확대 수술과자가지방 이식을 함께 진행하는 수술입니다. 보형물로 기본 볼륨을 만들고, 지방이식으로 가슴골 부분에 소량이식하는 방법입니다.

> 📌 **장점**
>
> • 마른 체형에도 자연스러운 모양의 가슴골
>
> • 쇄골 아래 윗가슴 볼륨 보완

가슴 수술은 단순히 크기만을 키우는 수술이 아닙니다. 체형과, 피부 두께, 조직의 탄력성 등 환자 개개인의 조건을 모두 고려해 맞춤형으로 진행해야 자연스럽고 오래가는 결과를 얻을 수 있습니다.

💡 "수술한 듯 안 한 듯" 자연스러운 가슴 라인의 아름다움,
지금부터 시작할 수 있습니다.

만족스러운 수술 결과를 얻기 위해서 신체구조와, 가슴상태의 확인, 환자의 니즈를 먼저고려하고 수술 계획에 반영해야한다는 것입니다. 가슴 성형 역시 수술한 듯, 안 한 듯한 느낌을 내는 것이 가장 중요한데 그 비밀은 바로 가슴골을 어떻게 만드느냐입니다.

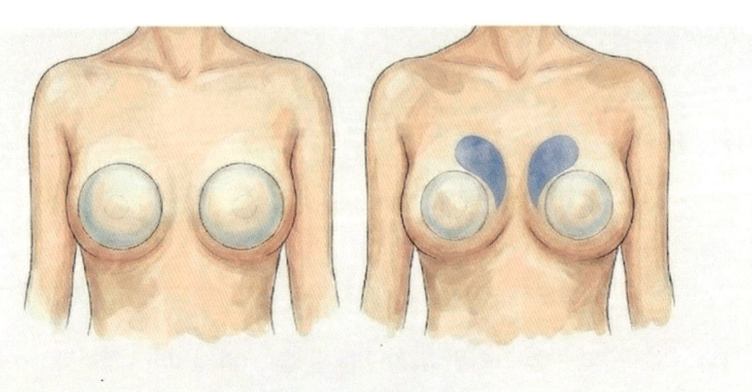

벌어진 가슴을 보완하기 위해 보형물과 함께
가슴 안쪽에 지방을 주입하여
자연스러운 1라인 가슴골을 형성합니다.

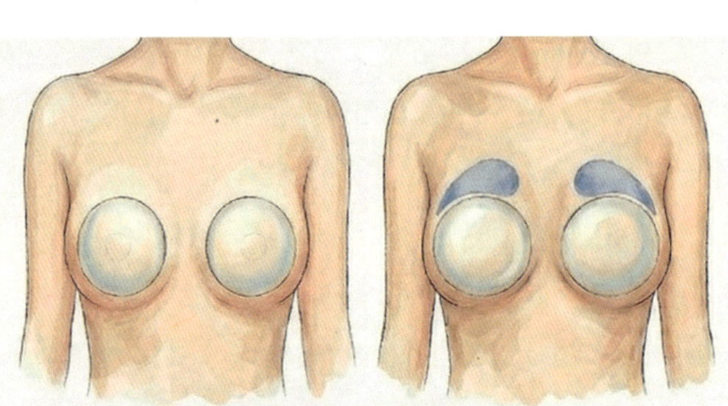

보형물을 삽입한 뒤 윗가슴 부분에
지방을 추가로 주입하여 부족한 볼륨을 채워주고
더욱 탄력적인 가슴으로 개선합니다.

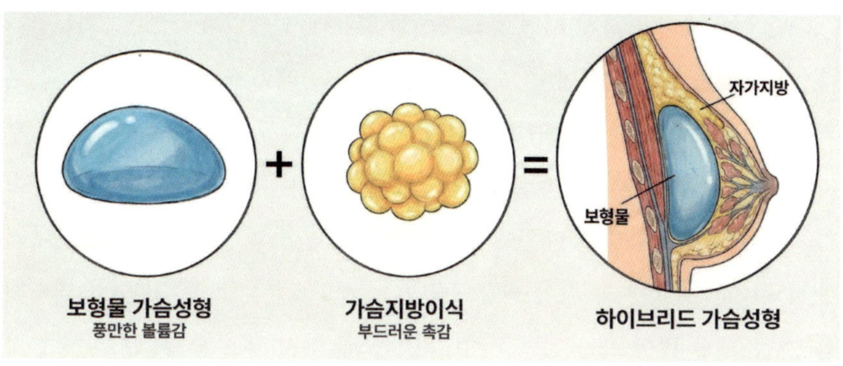

7-2. 여름에는 가슴성형 절대로 하지마라?

땀이 많이 나는 여름에는 겨드랑이 절개 수술을 하면 땀이 나와 상처 부위가 짓무르지 않느냐고 물어보는 경우가 있습니다. 저는 모든 수술을 내시경으로 진행하기 때문에 범위가 3cm 정도로 작은 편이며 피부 봉합은 따로 하지 않고 인체에 쓸 수 있는 본드를 사용합니다. 따라서 수술 부위가 코팅되어 겨드랑이의 땀이 나도 상처로 스며들지 않도록 할 수 있기 때문에 상처가 짓무르거나, 덧나지 않습니다.

여름 수술을 준비하시는분들중에는 '여름은 습하고 땀도 많이 나서 염증이 생기는 거 아닌가' 혹은 '여름에 수술하면 수술 결과가 더 안 좋은 건 아닌가' 라고 걱정하시는 분들이 계신데 날씨는 수술과 전혀 상관없습니다. 과거에는 가슴수술 후 압박붕대를 오랫동안 하고 있었기에 여름에 땀띠가 나고 힘든 경우도 있었지만 요즘엔 압박붕대를 하지 않고, 보정 효과가 있는 부드러운 재질의 보정 브라와 윗밴드 정도만 착용하기 때문에 땀띠 걱정은 크게 하지 않으셔도 됩니다.

다만 여름에 수술하게 되면 주의해야할 부분이 있습니다. 바로 자외선입니다. 수술 직후 자외선에 많이 노출될 경우 멜라닌 색소가 생성되면서 수술 부위가 색소침착으로 까맣게 변할 수가 있어 자외선 차단을 잘 해주시고 수술 부위에 자외선 차단제를 잘 바르시는게 중요합니다. 여름철에도 수술 후 한달이 지나면 수영이 가능하기 때문에 워터파크나 동남아 여행 계획이라면 떠나기 한 달 전에 수술 하시는 것을 권장드립니다. 그리고 본격적으로 수영을 생각해 접영처럼 팔을 많이 쓰는 영법을 하시려면 조금 더 미리 수술을 계획하시는 것을 권장드립니다.

여름휴가 때 해외여행을 가는 분들은 수술후 비행기를 타면 기압이 낮아져 보형물이 잘못될까 걱정하시지만 비행기 압력으로 인한 보형물 변형은 없다고 보셔도 됩니다.

그럼 최적의 수술 시기는 언제인가요?

계절과 관계없이 가장 최적의 시기는 바로 환자분이 수술을 하고 싶은 그 타이밍이 최적의시기입니다. 저희 병원은 해외 환자, 일본 중국 미주지역등 다양한 국적의 외국인 환자분들도 많이 방문을 하고 있습니다. 특히 해외 환자의 경우에는 긴연휴가 있는 크리스마스 시즌이나, 추석 등을 포함하여 한국에 오시는데, 수술 후 회복 시간을 충분히 가질 수 있는 기간에 오시는 걸 선호 하시지만 대략 1주일 정도의 회복 기간이면 본국으로 돌아가시는 데 지장이 없을 정도로 빠른 회복이 가능한 수술을 진행하고 있습니다.

저는 지난 20년 동안 겨드랑이 절개를 통한 방법으로만 가슴 확대수술을 해왔습니다. 그동안의 수많은 수술 케이스를 통해 체득한 수술법을 통해 조직의 손상을 최소화하는 최소박리로 수술을 진행하기 때문에 통증이 심하지 않고 회복도 빠른 편이라서 팔 사용이 자유로워 일상생활이 빠르게 가능하게 됩니다. 여름을 앞두고 급하게 수술을 진행하시면서 여름휴가철 휴양지에서 인생 사진을 찍을 수 있었다며 고마워하시는 분들도 많이 계셨습니다. 계절에 대한 걱정은 접어두시고 가슴성형은 1년 사계절 언제든지 수술해도 괜찮다고 생각하시면서 날씨 보다는 본인에게 적합한 보형물의 종류와 크기 등을 잘 계획하고 선택하는 것이 더 중요하다는 점을 생각하시면서 수술 일정을 잡으시는 것을 추천드립니다.

사례8.
원데이 겨드랑이절개 수술로
업무에 지장없이 빠르게 회복했어요

이번에 소개할 환자분은 20대 후반 여성으로, 키 170cm, 체중 57kg의 건강한 체형을 가진 환자입니다. 환자는 보형물을 이용한 가슴 확대 수술을 원하셨고, 오른쪽 모티바 450cc full type, 왼쪽 모티바 425ccfull type 사이즈의 보형물을 사용하여 겨드랑이 절개 방식을 통해 수술을 진행했습니다. 수술 방법으로는 이중 평면 방식을 적용하여 자연스러우면서도 볼륨감 있는 가슴 라인을 만들기 위한 목표를 세웠습니다. 이 수술은 단순히 가슴 크기를 키우는 것에 그치지 않고, 환자분의 체형에 맞춘 자연스러운 모양과 균형을 이루는 것을 가장 중요한 목표로 삼았습니다.

환자는 수술 전 상담 시 매우 긴장한 모습을 보였고, 본인의 체형에 맞는 수술 방법을 찾는 데 어려움을 느끼고 있었습니다. 이에 저는 환자의 체형과 원하는 결과를 충분히 반영하여 최적의 방법을 제시해 드렸습니다. 환자는 처음에는 더 큰 사이즈의 가슴을 원했으나, 상담을 진행하면서 실제 자신의 체형에 맞는 사이즈를 선택하는 것이 가장 중요한 점임을 설명드리고 실제로 사용하고 있는 보형물을 이용해서 보형물 피팅을 통한 시뮬레이션과 여러 가지 사례를 함께 보여드리며, 보다 자연스럽고 균형 잡힌 결과를 얻을 수 있도록 D컵 사이즈를 추천드렸습니다. 환자분은 처음에는 다소 걱정하셨지만, 결과적으로는 제시된 사이즈가 본인의 체형과 가장 잘 적합함을 인지하게 되었습니다. 이처럼 환자분이 원하는 가슴 모양과 크기에 대해 세심하게 상담하며, 결과적으로 환자분의 기대에 맞는 수술을 진행하게 되었습니다.

수술 전 제시한 디자인을 통해 가슴의 형태를 신중하게 설계했고, 환자의 체형에 맞춰 이상적인 가슴 라인을 만들어드리기 위해 여러 부분을 꼼꼼히 검토했습니다. 저는 환자의 체형상 가슴이 다소 타이트할 가능성이 높다고 설명드렸고, 이는 수술을 진행하는 데 있어 조금 더 어려움이 있을 수 있다는 부분임을 미리 안내해 드렸습니다. 환자분은 그에 대해 잘 이해하시고 수술을 결심하셨습니다. 저는 항상 환자분과의 충분한 상담을 통해 가장 자연스럽고, 만족할 수 있는 결과를 제공하는 것이 가장 중요하다고 생각합니다.

수술은 계획대로 순조롭게 잘 진행되었고, 겨드랑이 절개를 통해 보형물을 삽입하는 방식으로 이루어졌습니다. 수술 중에는 마취과 원장님이 환자분의 상태를 세심하게 체크하며, 안전하게 수술을 진행했습니다. 수술은 원활하게 진행되었고, 환자분은 약 1시간 정도 소요된 수술을 무사히 마칠 수 있었습니다. 수술 후 환자는 회복실에서 약간의 휴식을 취하며, 조금씩 의식이 돌아오는 시간을 보냈습니다. 회복실에서 약 2시~3시간 정도 안정을 취한 후에는 왠만큼 상태가 안정되어 집으로 돌아가실 수 있었습니다.

수술 후 다음날 병원에 내원한 환자는 집에 돌아가서도 붓기가 거의 없고 불편함이 크게없었다는 피드백을 주셨습니다. 수술 과정에서 출혈이 거의 없었기 때문에 멍과 붓기가 크지 않음을 확인하고 신기해 하셨습니다. 다만, 보정브라과 윗밴드의 생소한 압박감으로 다소 불편하다고 말씀하셨고, 수술 직후에는 조금 짜증날 정도로 불편했다는 느낌을 받았다고 했습니다. 하지만 제가 수술 전 충분히 설명드린 대로, 시간이 지나면서 보정브라와 윗밴드의 불편함은 자연스럽게 해소되었고, 수술 후 회복 상태에 대해 매우 만족했습니다. 또한, 수술 후 첫날부터 가슴 모양이 자연스럽게 잡혀있는 모습을 확인하고, 붓기도 거의 없어서 매우 놀랐다고 말씀 주셨습니다. 빠른 회복에 대해 매우 긍정적인 피드백을 주셨고, 이를 통해 수술이 잘 진행되었다는 확신을 갖게 되어 만족도 높은 부분을 확인할 수 있었습니다.

수술 후 2~3일째에는 약간의 불편함이 있었지만, 환자는 빠르게 회복했습니다.출근이 가능할 정도로 빠르게 회복되었고, 회사에서 휴가를 조금 쓴 부분이 후회될 정도로, 수술 후 4일째부터는 일상 생활에 거의 지장이 없을 정도로 팔 사용이 원할함을 경험하게 되었습니다. 3주 차에는 일상 생활에 전혀 불편함 없이 지내실 수 있었고 가벼운운동이 가능하다는 말씀을 했습니다.1달이 되는 시점에는 헬스 클럽을 다니며 가벼운 운동과 신체 활동을 정상적으로 할 수 있었습니다. 수술 후 몸의 변화된 모습에 만족한 환자는 자신감을 얻고, 더 활발한 일상으로 돌아갈 수 있었습니다.

수술 후 3개월이 지난 지금, 가슴 촉감과 모양에서 매우 만족스러운 결과를 얻으셨습니다. 가슴 라인이 자연스럽고 예쁘게 변화했으며, 흉터도 거의 눈에 띄지 않게 되었습니다. "이제는 가슴 수술을 했다는 사실이 전혀 티가 나지 않아요. 정말 자연스러워요!"라고 말씀하시면서, 변화된 모습에 매우 기뻐했습니다. 환자는 시간이 지날수록 가슴이 더욱 자연스러워지고, 이전보다 훨씬 자신감이 생겼다고 하시며 매우 만족해 했습니다.

이 사례는 수술이 잘 진행되어 환자가 빠르게 회복하고 자연스러운 결과를 얻은 좋은 사례입니다. 수술 후 빠른 회복을 위해서는 적절한 관리와 운동이 중요하며, 환자의 긍정적인 마음가짐과 협조 덕분에 더욱 좋은 결과를 얻을 수 있었습니다. 가슴 성형은 단순히 보형물을 삽입하는 것이 아니라, 환자 개인의 체형과 원하는 결과를 반영하여 맞춤형 접근이 필요합니다. 따라서 경험이 풍부한 전문의와의 상담을 통해 최적의 결과를 얻을 수 있습니다.

겨드랑이 절개법

겨드랑이 주름라인을 따라
절개하여 보형물을 삽입합니다.

—

추천대상

흉터 걱정을 줄이고 싶은	+
유방 처짐 정도가 적은 분	+
가슴 밑선이 발달하지 않은 분	+

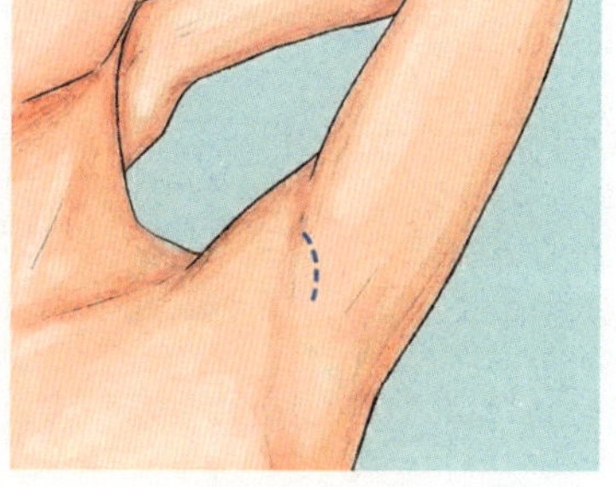

가슴 밑선 절개법

가슴 밑선 라인을 따라
절개하여 보형물을 삽입합니다.

—

추천대상

가슴 밑선이 뚜렷한 체형인 분	+
가슴 위치가 평균보다 아래인 분	+
수술 후 빠른 복귀가 중요한 분	+

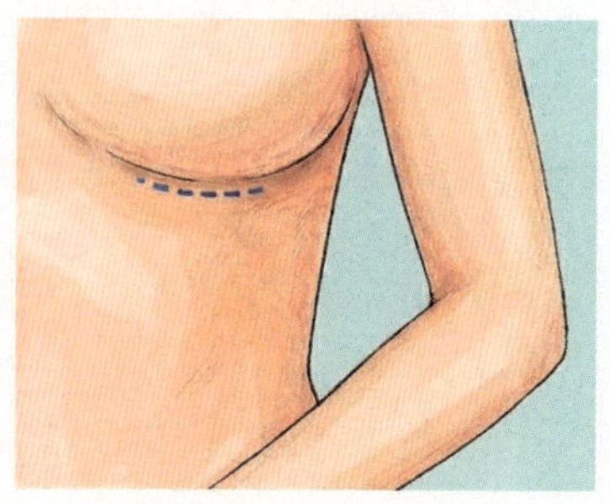

겨드랑이 절개법과 가슴밑선 절개법 대한 설명

8-1 가슴수술, 당일에 퇴원 가능할까요?

여성들의 사회 활동 비중이 높아지면서 가슴 성형을 하고 싶어 하는 여성들의 고민이 많아졌습니다. 특히 많이 고민하는 부분이 바로 회복 기간입니다. 수술 후에 빠른 회복기간을 가지고 일상생활과 직장생활도 빠른 복귀를 해야 하기 때문에 수술 시기를 계속 미루게 되는 부분이 있습니다. 바쁜 일정으로 쉬는 게 어려워서 수술 후 빠른 일상 복귀를 원하는분들을 위해 진행하고 있는 저희 병원의 프로그램이 원데이 가슴 성형입니다.

수술 후 당일 퇴원을 할 수 있기에 금요일에 수술 후 주말엔 푹쉬고 월요일부터는 출근을 해도 지장이 없는 가슴 성형 방법입니다. 직장인, 지방 거주자, 외국인 분들에게 적합한 수술법입니다.

☑ 원데이 가슴 성형이란?

- 당일 상담 - 검사 - 수술 - 퇴원까지 하루에 모두 진행되는 시스템
- 금요일 수술 → 주말 회복 → 월요일 출근도 가능
- 짧은 회복 시간과 최소한의 통증, 흉터, 출혈을 목표로 합니다.

☑ 왜 겨드랑이 절개 방법으로도 원데이 가슴성형이 가능할까?

많은 분들이 겨드랑이 절개에 대해 팔사용에 지장이 있고 회복이 오래 걸릴 것이라 오해하시지만, 제가 시행하고 있는 내시경을 이용한 겨드랑이 절개 수술은 숙련된 기술을 바탕으로 빠른 회복이 가능합니다.

제가 겨드랑이 절개 방법으로도 원데이 가슴성형 수술을 진행할 수 있는 이유는 다음과 같습니다.

겨드랑이 절개법으로만 1만 건 이상의 수술 케이스을 경험한 숙련된 노하우를 가지고 있기 때문에, 가슴방 내부의 구조(근육, 신경, 혈관 등)를 누구보다 잘 이해하고 있기 때문입니다. 그래서 겨드랑이 절개를 통해서내시경을 사용해서 출혈 없이 조직 손상을 최소화한 수술 진행이 가능합니다.

피주머니 없이 진행하는 출혈을 최소화한 수술로,내시경을 통해서 실시간으로 출혈을 확인하고 빠른 지혈을 통해 수술 부위의 출혈량을 최소화 시키고 있습니다. 최근에는회복 속도가 빨라져 수술 후 2시~3시간 정도면 퇴원도 가능합니다.

흉터를 최소화하고 실밥을 제거하지 않아도 되기 때문에 재내원을 최소화하여 병원 방문을 위한시간을 줄이고 흉터 걱정도 줄일 수 있습니다.

✅ 이런 분들께 추천합니다

- 연차 사용이 어려운 직장인
- 병원까지 거리가 먼 지방, 해외 거주자
- 수술을 오래 미루다 드디어 마음먹은 분
- 통증과 흉터에 대한 걱정이 큰 분
- 수술 후 빠르게 일상 복귀를 원하시는 분

가슴 성형은 외적인 변화뿐 아니라 자신감을 회복하는 심리적인 전환점이 될 수 있습니다.그러나 수술을 위해 많은 시간을 낼 수 없는 분들이 있다면,
"빠르게 회복하고, 자연스럽게 아름다워지는"
원데이 가슴 성형이 훌륭한 대안이 될 수 있습니다.

8-2 가슴성형 회복기간 A to Z

☑ 수술 전부터 사후 관리까지, 가슴성형 회복 플랜 완벽 가이드

가슴성형의 성공 여부는 단순히 수술 당일의 기술력에만 달려 있지는 않습니다. 수술 전 계획부터 수술 후 회복까지, 철저한 준비와 체계적인 사후 관리가 더해져야 완성도 높은 결과를 기대할 수 있습니다. 본 장에서는 수술 전 회복 플랜 수립부터 보형물의 자리잡기까지, 실제 환자와 의사가 함께 고려해야 할 핵심 요소들을 세 가지 단계로 나누어 안내드립니다.

① 수술 전 회복 플랜: 미리 설계하는 아름다움

수술 전 회복 플랜은 환자와 의료진이 함께 세워야 합니다. 우선, 환자의 현재 가슴 상태를 정확히 파악하는 것이 필수입니다. 이를 위해 인체에 무해한 유방 초음파 검사를 활용하여 유방 조직의 상태를 확인하고, 피부의 두께와 살성을 파악하면서 정확한 가슴 형태 측정을 통해 환자에게 최적화된 수술 계획과 회복 일정을 공유하게 됩니다.

최근에는 의료기술의 발달로 절개 및 박리 과정이 매우 정교해져 입원이 필요 없는 '원데이 가슴 성형'도 가능해졌습니다. 바쁜 일정으로 장기 휴가가 어려운 분들, 지방 거주자나 외국인 환자에게 특히 적합한 수술 방식입니다. 금요일 수술 후 주말 동안 회복하고 월요일에 출근하는 사례도 점점 늘고 있습니다.

이때 반드시 고려되어야 할 것은 보형물의 타입과 크기입니다. 환자가 원하는 이미지도 중요하지만, 실제로 환자의 체형과 조직 상태를 고려하지 않고 큰 사이즈의 보형물을 무리하게 삽입할 경우, 회복이 느려질 뿐 아니라 모양이나 촉감이 어색해질 수 있습니다. 따라서 의료진과의 충분한 상담을 통해 현실적인 이상형을 찾아야 합니다.

② 수술 후 몸 관리: 빠르고 안전한 회복을 위한 지침

수술 후 붓기는 일반적으로 3~4주 사이에 자연스럽게 가라앉습니다. 이 시기에는 과격한 운동은 피하되, 가벼운 스트레칭이나 일상 활동을 통해서 붓기를 빠르게 없애는 것이 좋습니다. 수술후 불편함으로 팔 사용을 너무 피하거나 겁을 먹고 사용하지 않으면 겨드랑이 부위에 흉살이 생기면서 오히려회복이 더딜 수 있기 때문에 무리한 동작이 아니라면 가벼운 스트레칭과 만세를 취하는 자세나 머리 감기 같은 부분을 추천드립니다. 다만 일수술 방법에 따른 회복의 차이가 있을 수 있기 때문에 제가 하고 있는 내시경 겨드랑이 절개법에 한해서 드리는 말씀입니다. 일반적인 겨드랑이 절개법의 경우 조직 회복이 덜 된 상태에서 무리한 동작은 재출혈의 위험이나 보형물의 위치이상을 유발할 수 있으므로 조심하시는 것이 좋으며 담당의사의 지시를 따르시는 것이 좋습니다.

성관계에 대해서도 많이들 질문하시는데요, 수술 후 보형물이 안정적으로 자리 잡기 전까지는 과도한 압박이나 체위로 인한 재출혈의 위험성이나 보형물 위치의 변형이나 통증이 생길 수 있으므로, 일반적으로 1개월 정도는 피하시는 게 좋으며 가슴을 움켜쥐는 행위는 3개월까지는 하지 않는게 좋습니다.

③ 보형물이 자리를 잡는 시간과 사후 관리: 완성도를 높이는 마지막 퍼즐

가슴 보형물이 자연스럽게 자리 잡기까지는 3개월에서 길게는 6개월 정도가 필요합니다. 이 시기에는 수술 결과의 완성도를 결정짓는 중요한 사후 관리가 요구됩니다.

무엇보다 중요한 것은 금연과 금주입니다. 흡연은 혈관을 수축시켜 피막(캡술) 형성을 방해하고 염증 가능성을 높이며 구축의 발생을 높일 수 있습니다. 음주 역시 회복 속도에 영향을 미칩니다. 최소한 수술 후 4주간은 금연과 금주를 권장합니다.

또한 병원에서 제공하는 약물 처방도 꼼꼼하게 지켜야 합니다. 항생제, 진통제, 소염제, 구형 구축 예방약 등은 용법에 따라 복용해야 하며, 복용 중 알레르기 반응이나 부작용이 있을 경우 즉시 병원에 알려야 합니다.

마지막으로, 사후 관리가 중요한 보조 요인이 됩니다. 흉터 관리, 고주파 및 캡슐 예방 관리, 레이저 치료, 피부 재생 프로그램 등이 얼마나 체계적으로 제공되는지, 병원의 시스템을 사전에 확인하고 선택하는 것이 좋습니다. 수술이 끝났다고 해서 끝이 아니라, 회복 과정까지 함께 책임지는 병원을 선택해야 만족스러운 결과를 얻을 수 있습니다.저는 사후관리 만큼은 환자분이 원하는 만큼 충분히 받으실 수 있도록 시설과 장비 구비에 최선을 다하고 있습니다. 특히 구형구축을 예방하는 캡슐러티스는 단일 병원으로는 드물게 6대를 운용하면서 사후 관리 시스템 구축에 아낌없는 투자를 하고 있습니다 .

WOOA 사후관리 프로그램

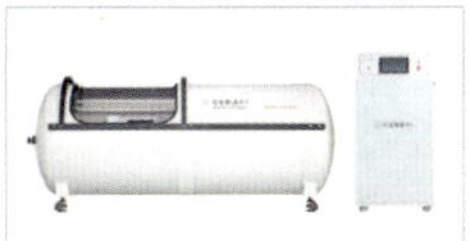

고압산소치료

크라이오 테라피

가슴팩

캡스

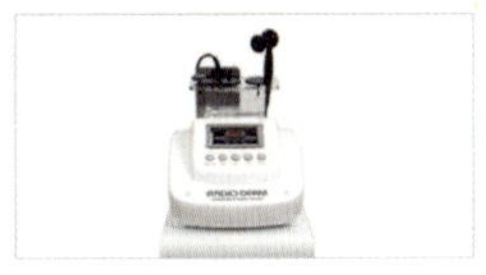

고주파

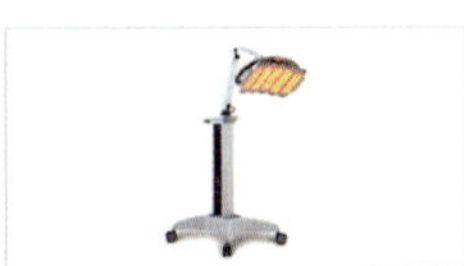

힐라이트

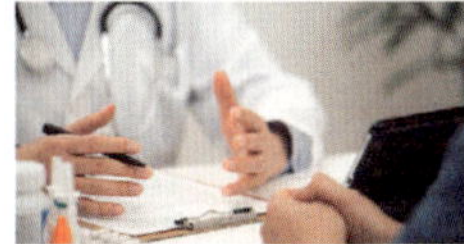

피부과 협진 흉터관리

흉터 레이저

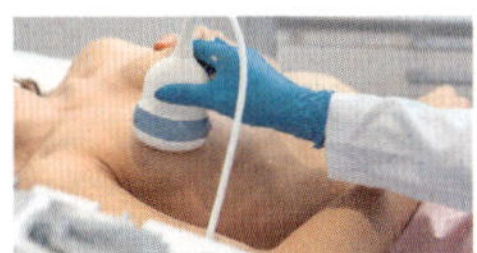

초음파 경과관리

무료 1박 입원 & 죽 제공

보정속옷 무상대여

수술실 내 CCTV

이처럼 가슴 성형은 수술 당일의 1~2시간만으로 결정되지 않습니다. 수술 전 준비, 수술 후 회복, 보형물의 자리 잡기까지 모든 과정이 유기적으로 연결되어야 비로소 진정한 아름다움을 완성할 수 있습니다. 아름다운 결과는 철저한 준비와 꾸준한 관리에서 시작됩니다.

8-3 매년 바뀌는 가슴성형트렌드, 올해 가슴성형 트렌드는?

☑ 컵 사이즈 트렌드도 변하고 있다

불과 몇 년 전만 해도 물방울 모양의 자연스러운 B컵 가슴, 즉 200~250cc 정도의 보형물을 선호하는 경향이 강했습니다. 그러나 요즘에는 조금 더 글래머러스한 이미지가 대중화되면서 300cc 이상, C컵 이상의 풍성한 볼륨감을 원하는 분들이 증가하고 있습니다. 다만, '티 나지 않는 자연스러운 볼륨'에 대한 니즈는 여전합니다.그렇기에 윗가슴에도 볼륨이 살아 있으면서, 인위적이지 않고 자연스럽게 이어지는 I라인 가슴골이 최신 트렌드로 주목받고 있습니다.

☑ 최근 선호하는 가슴성형 절개부위는?

가슴 성형에서 절개 부위는 수술 결과뿐 아니라 회복 속도, 흉터 노출 여부 등에 큰 영향을 주는 중요한 요소입니다. 과거에는 유륜, 배꼽 등을 통한 보형물 삽입도 종종 시행되었지만, 이러한 방식은 감염 위험, 시야 확보의 어려움, 정확한 박리의 한계 등의 단점으로 인해 최근에는 거의 사용되지 않고 있습니다.

현재 가장 선호되는 절개 부위는 겨드랑이 절개와 가슴 밑선 절개입니다. 이 중 겨드랑이 절개법은 특히 20~30대 여성들에게 높은 선호도를 보이며 다시 인기를 얻고 있는 방식입니다. 겨드랑이의 자연스러운 주름 안쪽을 절개하여 흉터가 잘 보이지 않고, 내시경을 이용한 섬세한 박리와 출혈 없는 수술을 진행하는 경우에는 수술 후 팔 움직임에 큰 제약이 없어 회복이 비교적 빠른 것이 장점입니다.

하지만 겨드랑이 절개는 수술 난이도가 높은 편입니다. 내시경 장비 없이 진행하게 되면 조직 손상이나 출혈의 위험이 커질 수 있기 때문에, 반드시 내시경을 통해 가슴 방의 내부 구조를 실시간으로 확인하며 수술하는 병원을 선택해야 합니다. 내시경 수술은 조직의 손상을 최소화하고, 보형물 위치를 정밀하게 조절할 수 있기 때문에 결과의 안정성과 만족도가 높습니다.

실제로 강남 일대 성형외과를 둘러보면 이 같은 트렌드를 직접 확인할 수 있습니다. 그러나 트렌드만을 따라 수술법을 선택하기보다는, 나의 체형과 가슴 구조에 맞는 절개 부위를 결정하는 것이 무엇보다 중요합니다. 숙련된 의료진과 충분한 상담을 통해 나에게 가장 적합한 수술법을 찾는 것이 안전하고 만족도 높은 가슴 성형의 시작입니다.

애니메이션 현상 예방과 환자 만족을
극대화시키는 삼중평면법 가슴 성형

가슴 성형은 많은 여성들이 여성으로서의 자신감을 회복하고 아름다움을 더하고자 하는 수술 중 하나입니다. 특히, 다이어트나 임신 후 가슴 모양에 변화가 생긴 여성들에게는 가슴 성형이 중요한 해결책이 될 수 있습니다. 최근 저희 병원에서는 삼중평면법을 이용한 가슴 성형을 진행하고 있는데, 이 방법은 기존의 이중평면법에 비해 많은 장점이 있음을 확인할 수 있습니다. 이번 사례를 통해 삼중평면법의 장점과 그 과정에 대해 자세히 설명드리고자 합니다.

수술 방법을 결정하는 과정에서 이중평면법과 삼중평면법을 모두 설명드렸습니다. 이중평면법은 보형물 상부를 대흉근 아래에, 하부는 유선 아래에 배치하는 방식입니다. 이 방법은 자연스러운 가슴 모양을 만들어주고 촉감이 우수하다는 장점이 있지만, 애니메이션 현상이라는 단점이 발생할 수 있습니다. 애니메이션 현상은 대흉근의 수축과 이완에 따라 보형물이 움직이는 현상으로, 팔이나 가슴을 움직일 때마다 보형물이 함께 움직이는 불편함을 유발할 수 있습니다. 또한, 상체 운동을 할 때나 일상생활 도중에도 보형물의 위치가 변하면서 가슴골이 벌어져 보이기도 합니다.

삼중평면법은 이러한 이중평면법의 단점을 개선한 수술방법입니다. 삼중평면법에서는 보형물의 상부는 대흉근 아래에, 하부는 유선 아래에 배치하는 것 외에도 대흉근의 하부 근육의 위치를 재배치하여 보형물을 보다 안정적으로 고정시킵니다. 이 방법은 보형물이 움직일 애니메이션 현상을 최소화하고 자연스러운 I골 가슴골 모양을 만드는데 큰 도움이 됩니다.

환자는 삼중평면법의 장점을 충분히 이해하고, 이 방법을 선택했습니다. 수술은 전신 마취 하에 진행되었으며, 수술 후에도 환자분이 불편함 없이 빠르게 회복할 수 있도록 세심하게 관리했습니다. 수술 후 2시간 정도 회복실에서 휴식을 취하고 수술 당일 입원해 편안하게 휴식을 취하면 서 첫날을 보내게 됩니다.

수술 1주일후 환자는 가슴의 모양과 촉감에 대해 매우 만족해 했고,6개월 후 일상생활에서 전혀 불편함 없이 자연스럽고 안정적인 가슴을 유지했습니다. 가슴골이 잘 모아져서 옷을 입을 때 더욱 아름다운 라인이 만들어졌습니다. 삼중평면법은 애니메이션 현상 예방과 가슴 모양의 안정성을 향상시키는 데 매우 효과적인 수술법입니다. 이 방법은 대흉근의 수축에 의한 보형물의 움직임을 방지하고, 운동 시에도 보형물이 안정적으로 자리잡을 수 있도록 도와줍니다. 또한, 가슴골이 자연스럽게 드러나며, 수술 후 시간이 지나도 가슴의 형태가 변하지 않아서 장기적인 안정성을 보장합니다. 이를 통해 환자분들은 원하던 자연스럽고 안정적인 가슴을 얻을 수 있습니다. 삼중평면법은 해외에서 이미 수

년 전에 도입되었으며, 이미 많은 환자들에게 큰 만족감을 주고 있으며, 가슴 성형에 대한 만족도를 크게 향상시키고 있습니다. 삼중평면법은 기존의 수술법에 비해 더 안정적이고 자연스러운 결과를 제공하며, 환자들에게 오래도록 만족을 주는 방법입니다.

저희 병원에서는 삼중평면법을 통해 환자분들에게 안전하고 자연스러운 가슴을 만들어 드리고 있으며, 앞으로도 지속적으로 이 수술법을 발전시켜 나갈 계획입니다.

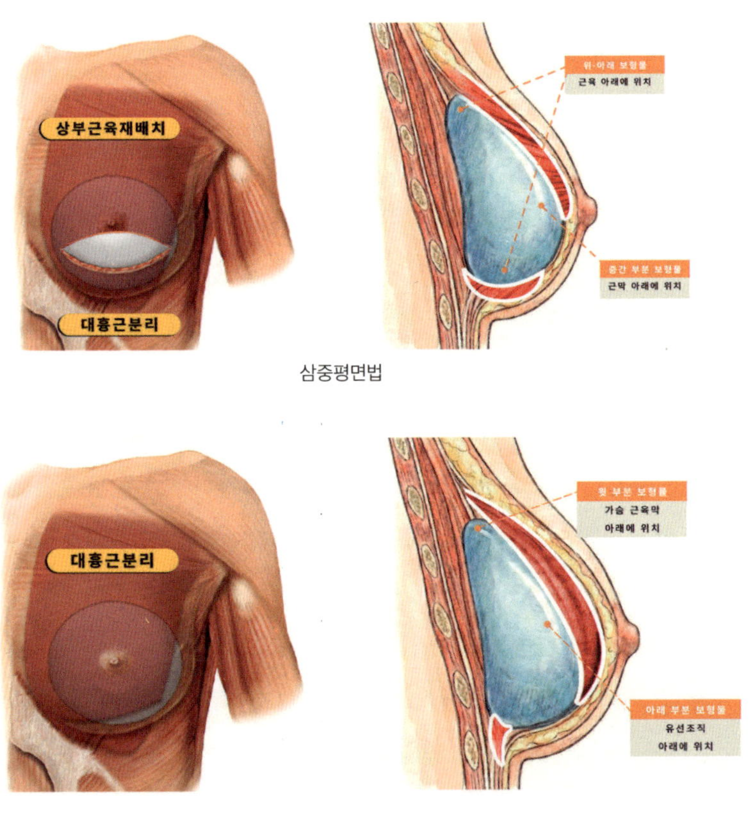

삼중평면법

이중평면법

9-1 애니메이션현상을 예방할 수 있는 삼중평면법

가슴 성형 수술을 고려하거나 이미 받으신 분들 중, "애니메이션 현상"이라는 용어를 들어보신 적이 있을 것입니다. 이 현상은 가슴 보형물이 팔을 움직이거나 가슴 근육에 힘을 줄 때마다 의도치 않게 보형물이 움직이거나 움찔거리는 현상을 말합니다. 특히 체형이 마른 편이거나 운동을 즐기는 분들에게서 더 민감하게 나타나곤 합니다.

애니메이션 현상은 주로 이중 평면법(dual-plane technique) 또는 근육하 삽입법에서 발생합니다. 이 두 가지 방법은 보형물을 대흉근이라는 가슴 근육 아래쪽에 배치하는 방식입니다. 보형물이 근육 아래에 있기 때문에, 팔을 들어 올리거나 상체에 힘을 줄 때 대흉근이 수축하면서 보형물이 당겨지고 움직이게 되는 것입니다.

애니메이션 현상이 발생한다고 해서 반드시 큰 문제가 있는 것은 아닙니다. 대부분의 경우 경미한 움직임은 자연스러운 범주에 속하며, 수술 직후 안정화되는 과정에서도 일시적으로 발생할 수 있습니다. 다만, 움직임이 겉으로 보일 정도로 심하거나 운동할 때 보형물이 같이 움직여서 일상생활에 불편함을 줄 경우에는 개선이 필요할 수 있습니다.

애니메이션 현상, 어떻게 해결할 수 있을까?

증상이 경미한 경우에는 대흉근에 보톡스를 주기적으로 주입하여 근육의 수축을 줄이는 방식으로 개선할 수 있습니다. 시술을 반복하다 보면 수축 강도가 점차 줄어들며, 보형물의 움직임도 안정화됩니다. 그러나 증상이 심한 경우에는 수술적 접근이 필요할 수 있습니다. 이때는 대흉근 아래쪽을 추가적으로 절제하거나, 이중평면법의 단계를 조정하여 보형물의 위치를 조정하게 됩니다.

가장 이상적인 방법은 애초에 애니메이션 현상이 발생하지 않도록 수술 설계부터 정교하게 접근하는 것입니다. 예를 들어 근막하 삽입법은 보형물을 근육 위, 즉 근막 아래에 배치하는 방식으로 진행하면 애니메이션 현상이 거의 발생하지 않습니다. 그러나 이 방법은 유방조직이 적거나 마른 체형에서는 보형물이 드러나 보일 수 있어 신중한 적용이 필요합니다.

이중평면법은 항상 애니메이션 현상을 유발하는 것은 아닙니다. 이 수술법에서 핵심은 대흉근 아래쪽 절제를 얼마나 섬세하고 정확하게 시행하느냐에 달려 있습니다. 내시경을 통해 수술 부위를 직접 보면서 박리를 진행하고, 기시부(근육의 시작 부위)를 정확히 절제하게 되면, 근육의 수축에도 보형물이 영향을 받지 않도록 설계할 수 있습니다. 특히 삼중평면법은 이러한 이중평면법의 단점인 애니메이션 현상이 발생하지 않도록 근본적인 예방이 가능합니다. .

제가 지난 20년 동안 수많은 가슴 성형 수술을 집도하며 가장 중요하게 깨달은 부분은, 모든 사람에게 동일하게 적용되는 한자기 수술법은 존재하지 않는다는 사실입니다. 사람마다 체형, 피부 두께, 근육의 발달 정도가 모두 다르기 때문에, 애니메이션 현상의 발생 여부도 달라질 수밖에 없습니다. 그렇기 때문에, 저는 환자의 체형과 생활습관, 유방조직의 상태, 운동 습관 등을 면밀하게 분석한 후 가장 적합한 수술법을 설계합니다. 특히 겨드랑이 절개를 통한 내시경 가슴 성형은, 내시경을 통한 시야 확보가 용이하기 때문에 정확하고 섬세한 대흉근 절제 및 박리가 가능하며, 애니메이션 현상도 효과적으로 예방할 수 있는 삼중평면법의 시행을 가능하게 할 수 있습니다.

애니메이션 현상이 우려되어 가슴 성형 자체를 망설이고 계신다면, 섣불리 포기하지 마시고 전문가와 상담해보시기를 권해드립니다. 애니메이션 현상은 충분히 예방 가능하며, 발생하더라도 개선할 수 있는 다양한 방법이 존재합니다.

☑ 삼중평면법, 부작용을 줄이고 완성도를 높이다

가슴성형은 만족도가 매우 높은 수술로 알려져 있지만, 수술 빈도가 높아질수록 부작용을 경험하는 사례도 늘어나는 것이 현실입니다. 특히 구형구축, 가슴 벌어짐, 애니메이션 현상 같은 문제는 첫 수술의 설계나 수술 기법과 밀접한 관련이 있습니다.

기존에 널리 사용되던 근막하 삽입술과 이중평면법은 부작용 발생률이 낮고 수술 안정성이 높아 대부분의 병원에서 활용되고 있습니다. 하지만 이중평면법은 시간이 지나면서 보형물이 움직이는 애니메이션 현상이나, 밑빠짐·옆빠짐 등의 위치 변형 문제가 발생할 수 있는 위험성이 있습니다.

이를 보완하기 위해 저는 기존 수술법의 장점을 유지하면서 안정성을 한층 강화한 삼중평면법을 시행하고 있습니다. 이 수술법은 보형물의 상부는 대흉근 아래에, 그리고하부는 대흉근의 위치를 재배치해서 보형물을 지지하게 함으로써 보형물 공간의 안정성을 크게 높이는 방식입니다.

이중평면법의 자연스러운 가슴 모양과 촉감을 유지하면서도, 보형물 위치를 보다 정확하게 고정할 수 있어 수술 후 나타날 수 있는 애니메이션 현상, 가슴 벌어짐, 위치 이동 등의 여러 부작용을 예방할 수 있습니다.

특히 애니메이션 현상은 대흉근 수축 시 보형물이 움직이며 일상생활에서 반복적으로 불편감을 주는 증상으로, 눈에 띄는 경우 재수술이 필요합니다. 삼중평면법은 수술 중 대흉근 하부 기시부를 정확하게 절제하고, 그 위치를 재배치 하여, 보형물이 근육의 영향을 받지 않도록 설계합니다. 따라서 가슴운동뿐 아니라 일상 동작에서도 보형물이 움직이는 현상을 거의 느끼지 않게 됩니다.

이 수술은 누구에게나 적용되는 정답은 아니며, 환자의 체형·유방조직·생활습관 등을 고려한 정밀한 진단이 반드시 선행되어야만 합니다. 수술자의 충분한 경험과 내시경 수술 기술이 갖춰져 있다면, 삼중평면법은 부작용을 예방하면서도 가장 이상적인 결과를 만들어낼 수 있는 수술법 중 하나입니다.

가슴 수술을 고민하고 계셨지만, 부작용 때문에 망설였던 분들이라면 삼중평면법이 하나의 대안이 될 수 있습니다. 가슴 확대 수술은 단순히 보형물을 '넣는 것'이 아니라 아름다운 가슴을 '만들어 내는 과정'입니다. 만족도 높은 결과는 디테일에 달려 있습니다.

9-2 가슴성형 직후 자주 하는 질문 5가지

가슴성형을 고민하시는 분들이 가장 궁금해하는 질문 5가지를 모아, 실제 상담 시 제공되는 정보와 의료진의 노하우를 바탕으로 정리해 보았습니다. 수술 전 이 내용을 숙지하신다면 보다 명확한 목표와 기준을 가지고 상담에 임하실 수 있습니다.

1. 가슴 수술 후 일상생활은 언제부터 가능한가요?

수술 후 회복 기간은 개인의 체질, 수술 방법, 절개 부위, 보형물 종류 등에 따라 조금씩 차이가 납니다. 일반적으로는 수술 후 3~7일 정도가 기본 회복 기간으로 여겨지며, 통증의 정도에 따라 일상생활 복귀 시점이 달라질 수 있습니다.

하지만 내시경을 이용한 겨드랑이 절개 방식으로 수술한 환자분들의 경우, 당일 퇴원도 가능하고 수술 후 2~3일의 안정기만 있으면 일상생활으로의 복귀가 가능합니다. 실제로 제가 수술한 저희 병원의 한 직원은 금요일 오후 수술 후 주말 회복을 거쳐 월요일 출근까지 무리 없이 진행했습니다. 겨드랑이 절개는 예전에는 회복이 느리다는 인식이 있었지만, 내시경을 활용한 세밀한 박리와 지혈 기술이 접목되면서 빠른 회복이 가능한 방식으로 발전하고 있습니다.

2. 무조건 큰 사이즈로 수술이 가능한가요?

많은 분들이 "D컵 이상으로 만들어 주세요"라는 요청을 하시지만, 중요한 것은 몸에 맞는 균형 잡힌 사이즈입니다. 원하는 사이즈가 있다고 하더라도 실제 가슴에 보형물이 들어갈 수 있는 가슴 방의 크기, 흉곽의 형태, 피부 탄력, 유두 위치 등을 고려하지 않으면 부작용이나 어색한 결과로 이어질 수 있습니다.

큰 보형물의 삽입은 가능하지만, 피부가 얇거나 조직이 부족한 경우에는 보형물이 비치거나 촉감이 인위적일 수 있습니다. 그렇기 때문에 의료진과 충분한 상의 후 본인의 신체 조건에 가장 잘 어울리는 사이즈를 결정하는 것이 중요합니다.

3. 수술 후 모유 수유는 가능한가요?

임신 계획이 있는 20~30대 여성분들이 자주 묻는 질문입니다. 결론부터 말씀드리면, 보형물이 유선조직과는 별개의 부위에 삽입되기 때문에 대부분의 경우 수유에는 지장이 없습니다.

보형물은 보통 대흉근 아래 혹은 유선조직 아래에 위치하게 되며, 모유가 만들어지는 유선과 유관에는 직접적인 영향을 주지 않기 때문에 유방 기능에는 손상을 주지 않습니다. 다만 유두절개나 유륜절개 방식의 경우, 유선과 연결되는 부위를 지나기 때문에 이 경우는 상담 시 반드시 수유 계획을 말씀해 주셔야 안전하게 수술 계획을 조율할 수 있습니다.

4. 새가슴(새모양 가슴)도 가슴 확대 수술로 교정이 되나요?

'새가슴'은 가슴뼈가 바깥으로 돌출되어 있고, 갈비뼈도 경사진 구조로 인해 가슴골이 벌어져 보이는 특징을 갖습니다. 이러한 경우 보형물이 바깥으로 밀려 가슴이 퍼져 보일 수 있으며, 가슴골이 잘 형성되지 않을 수 있습니다.

이런 경우에는 가슴 안쪽까지 세밀하게 박리를 진행해서 보형물이 중앙 쪽으로 잘 모아지도록 만들어야 합니다. 이 과정은 고난도 수술 기술이 필요한 부분으로, 반드시 내시경을 사용해 혈관과 조직 손상을 최소화하면서 안전하게 박리하는 것이 중요합니다. 수술 경험이 풍부한 의료진일수록 이러한 구조적인 어려움을 잘 극복하면서 자연스럽고 아름다운 가슴골을 완성할 수 있습니다.

5. 처진 가슴도 보형물 삽입으로 교정이 가능한가요?

처짐의 정도에 따라 수술 방법이 달라집니다. 다이어트나 출산 후 피부 탄력이 저하되어 가슴이 아래로 내려앉고, 윗가슴은 꺼진 경우가 많습니다. 이런 경우에 경미한 처짐이라면 보형물 삽입만으로도 윗가슴의 볼륨과 리프팅 효과를 동시에 기대할 수 있습니다.

하지만 중등도 이상의 유방하수의 경우, 단순 보형물 삽입만으로는 교정이 어렵습니다. 이런 경우에는 유두와 유방 조직의 위치를 올려주는 유방하수 교정술을 병행하여 피부와 유선 조직을 일부 절제한 후 보형물을 삽입하는 방식으로 진행해야 아름다운 결과를 만들 수 있습니다. 정확한 수술 계획은 상담과

정밀 검사를 통해 결정됩니다.

이 다섯 가지는 실제 상담 시 가장 자주 나오는 질문이자, 수술을 고려하시는 분들이 가장 먼저 알고 싶어 하는 부분입니다. 가슴 성형은 단순한 수술이 아니라, 몸과 마음에 자신감을 선물하는 과정입니다. 충분한 정보와 정확한 상담을 통해 본인에게 가장 알맞은 선택을 하시길 바랍니다.

사례10.
지방이식 후 아쉬움,
보형물로 다시 찾은 자신감

가슴 성형을 앞두고 있는 분들이라면 꼭 고려해야 할 것이 있습니다. 바로 유방 초음파 검사입니다. 유방 초음파는 초음파 기기를 통해 유방 내부의 조직 상태를 파악하는 검사로, 일반적으로는 정기 건강검진이나 유방 통증, 멍울 등 이상 증상이 있을 때 시행합니다. 하지만 가슴 성형 수술 전후에도 반드시 필요한 검사 중 하나입니다.

수술 전 유방 초음파 검사는 단순한 절차가 아니라 수술의 안전성과 완성도를 높이는 매우 중요한 과정입니다. 수술 전 검사를 통해 유방 조직의 밀도와 형태를 파악하고, 혹시 모를 유방 질환의 존재 여부를 확인할 수 있습니다. 실제로 가슴 성형을 계획하고 병원을 찾은 환자 중 유방 초음파에서 섬유선종이나 낭종이 발견된 사례는 드물지 않습니다. 이러한 경우에는 가슴 성형과 동시에 병변을 제거하거나 치료할 수 있어 환자의 부담을 줄일 수 있습니다.

또한 유방암의 전조 증상을 조기에 발견하는 데에도 유방 초음파는 큰 역할을 합니다. 유방암은 초기에는 증상이 거의 없기 때문에 정기적인 초음파 검사가 조기 진단의 중요한 수단이 될 수 있습니다. 따라서 가슴 성형을 준비 중인 분이라면, 단순히 미용적 목적이 아니라 건강을 위한 첫걸음으로 반드시 사전 초음파 검사를 고려해야 합니다.

수술 후 유방 초음파의 중요성도 간과해서는 안 됩니다. 보형물 삽입 이후에는 출혈과염증, 피막 형성 상태를 면밀히 확인하는 과정이 필요합니다. 수술 직후 혹은 회복 기간 중 갑작스럽게 부기가 심해지거나 멍이 퍼지는 증상이 나타나는 경우, 이는 내부 출혈일 가능성이 있습니다. 이때 초음파 검사를 통해 정확한 진단을 통한 빠른 조치가 가능해야 부작용이나 합병증을 예방할 수 있습니다.

예를 들어 외형적으로는 단순 멍으로 보이는 증상도, 초음파를 통해 보면 피하 출혈이 생겨 보형물 주변에 혈액이 고여 있을 수 있습니다. 이런 출혈은 혈종으로 발전할 수 있으며, 구형 구축이나 감염으로 이어질 위험성도 있습니다. 따라서 단순히 눈으로 확인하기보다는 내부 상태를 직접 관찰할 수 있는 초음파 검사가 가장 정확하고 효과적인 방법입니다.

또한 수술 후 1~3개월 사이에는 피막 형성 여부를 확인해야 합니다. 피막은 우리 몸이 이물질인 보형물을 인식하고 보호하기 위해 자연스럽게 만들어내는 막으로, 이 피막이 너무 두껍거나 단단해지면 구형 구축으로 이어질 수 있습니다. 수술 후 일정 시기에 초음파를 통해 피막이 건강하게 잘 형성되고 있는지를 체크하는 것은, 구형 구축을 예방하는 데 도움이 됩니다.

결론적으로, 가슴 성형 전후의 유방 초음파 검사는 단순 선택이 아닌 건강과 수술 안전성을 위한 필수 과정입니다. 비용을 아끼려는 이유로 이를 생략하게 되면, 오히려 나중에 더 큰 비용과 위험을 감수해야 할 수 있습니다.

가슴 성형은 단순한 외모 변화가 아닌 신체 내부에 이물질을 삽입하는 수술이기 때문에, 그만큼 세심한 준비와 관리가 필요합니다. 미리 자신의 유방 상태를 정확히 알고, 수술 후에도 이상 유무를 확인하는 유방 초음파 검사는 반드시 포함되어야 할 필수 항목이라는 점을 기억하시길 바랍니다.

내몸에 맞는 사이즈로,
축소수술로 찾아온 일상의 편안함

이번 사례는 48kg의 마른 체형을 가진 젊은 여성으로, 과도한 가슴 크기로 인한 신체적 불편감과 심리적 고민을 안고 내원하셨습니다. 환자는 본인의 체격에 비해 과도하게 큰D컵의 가슴을 가지고 있었고, 이는 평소 어깨 통증, 속옷 끈 자국, 가슴의 무게감 등으로 일상에서 상당한 불편함을 초래하고 있었습니다. 특히 치밀 유방 소견이 있어 체중 감량을 해도 가슴의 크기는 전혀 줄어들지 않았고, 나이가 들수록 서서히 진행되는 가슴 처짐까지 동반되면서 스트레스가 점점 커졌다고 말씀하셨습니다.

환자는 수술을 결심하기 전, 이미 여러 병원을 방문해 상담을 받고 꼼꼼히 정보를 수집한 상태였습니다. 많은 병원에서 제안한 것은 사이즈 축소에 초점을 맞춘 오자 절개 방식이었는데, 이 방법은 비교적 큰 흉터가 남을 수 있다는 단점이 있습니다. 하지만 환자분은 미혼으로서 향후 결혼이나 임신·수유까지 고려했을 때 지나친 축소나 과한 흉터가 부담스러웠고, 따라서 사이즈 축소뿐만 아니라 전체적인 미용적·기능적 조화를 중시하는 접근을 원하셨습니다.

저는 환자분의 고민과 바람을 충분히 듣고 난 뒤, 유륜 절개를 통한 가슴축소술을 권유했습니다. 이 방법은 약 1~1.5컵 정도의 자연스러운 사이즈 축소가 가능하며, 흉터가 유륜 주변에 한정되기 때문에 비교적 눈에 잘 띄지 않는다는 장점이 있습니다. 또한 환자가 불편해하던 겨드랑이 부위의 부유방 제거와, 기능적·미용적으로 문제가 있었던 함몰유두 교정까지 함께 계획하여 보다 종합적인 개선 효과를 기대할 수 있었습니다. 환자 본인도 "돌이켜보니 종합세트를 다 한 셈이네요"라고 웃으며 말씀하셨지만, 실은 개인의 신체와 필요, 삶의 질을 모두 고려한 맞춤형 계획이었습니다.

수술은 유륜 절개로 가슴축소술을 진행하면서 부유방 제거, 함몰유두 교정을 병행했습니다. 수술 과정에서 중요한 것은 단순히 조직을 덜어내는 것이 아니라, 수술 후에도 혈류 공급을 안전하게 유지하고, 가슴의 자연스러운 곡선과 볼륨을 살리며, 향후 기능적 문제가 발생하지 않도록 하는 점입니다. 특히 가슴축소술은 대칭성과 유두·유륜의 위치, 그리고 전체적인 체형과의 조화를 맞추는 것이 무엇보다 중요합니다. 환자는 치밀 유방이라서 조직 밀도가 높아 수술 시 세심한 박리가 필요했고, 함몰유두 교정도 섬세하게 진행하여 수유 가능성을 보존하면서 교정할 수 있도록 주의했습니다.

수술 후 회복 과정에서 환자는 기존에 느끼던 가슴의 무게감에서 해방되었음을 크게 만족스러워 했습니다. 어깨 통증이 현저히 줄었고, 속옷 착용 시 말림이나 압박 자국이 거의 없어졌으며, 무엇보다 거울 앞에서 봤을 때 본인 체형에 맞는 자연스러운 가슴 라인을 얻은 점에 큰 만족감을 표시 했습니다. 흉터에 대한 걱정도 많았지만, 유륜 절개 덕분에 눈에 잘 띄지 않고 깔끔하게 회복되고 있다는 점에서 안도했습니다.

이번 사례는 단순히 사이즈 축소라는 기계적인 목표가 아니라, 환자 개인의 해부학적 조건, 삶의 방식, 미용적 기대, 심리적 만족까지 종합적으로 고려한 접근의 중요성을 다시금 일깨워 주었습니다. 가슴축소술은 단순한 체적 감소의 수술이 아닙니다. 과도한 무게로 인한 통증을 해소하고, 미용적 자신감을 높이며, 환자의 장기적인 삶의 질을 향상시키는 복합적이고 섬세한 치료입니다.

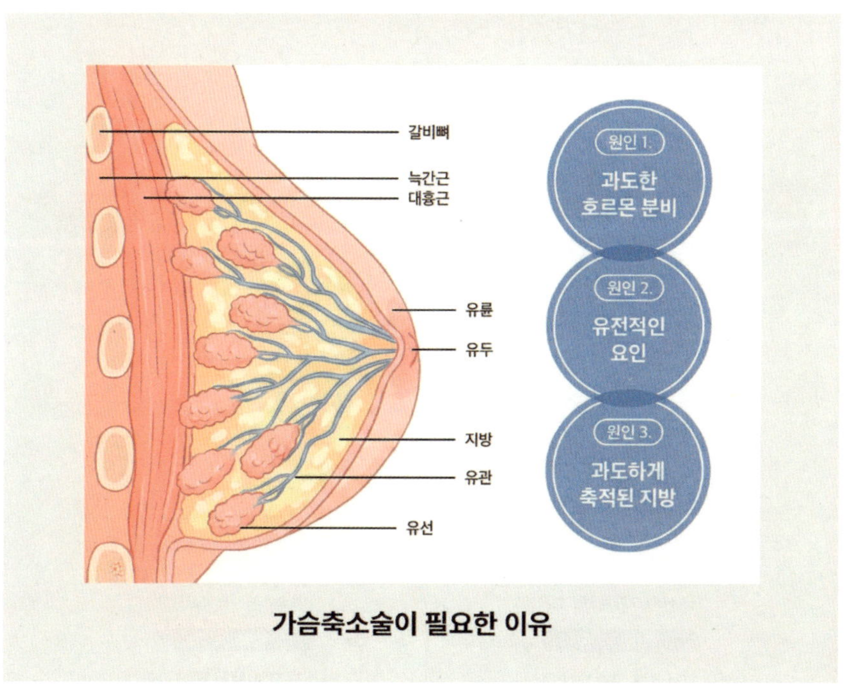

가슴축소술이 필요한 이유

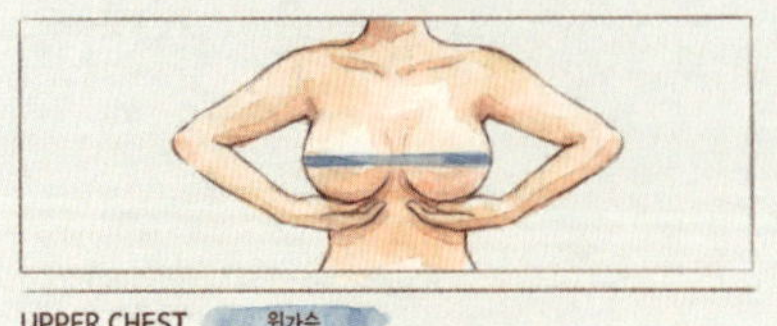

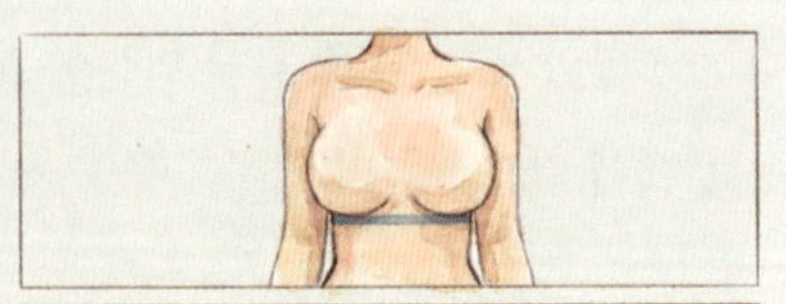

사이즈	A컵	B컵	C컵	D컵	E컵	F컵	G컵
윗가슴-아랫가슴 거리	10cm	12.5cm	15cm	17.5cm	20cm	22.5cm	25cm

거대유방

사이즈 측정시 참고자료

11-1 처진가슴 수술로 끌어올려볼까?!

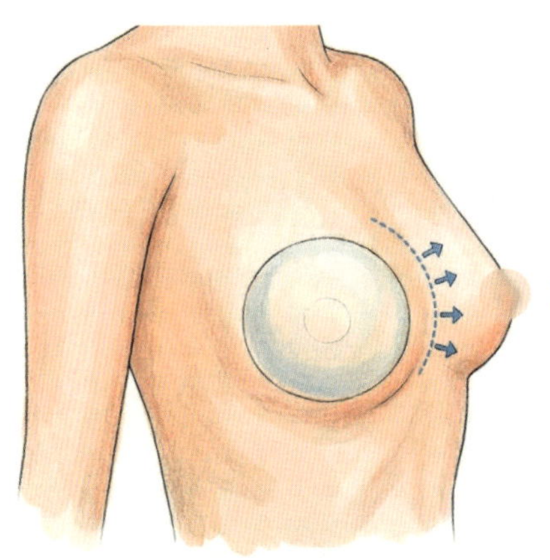

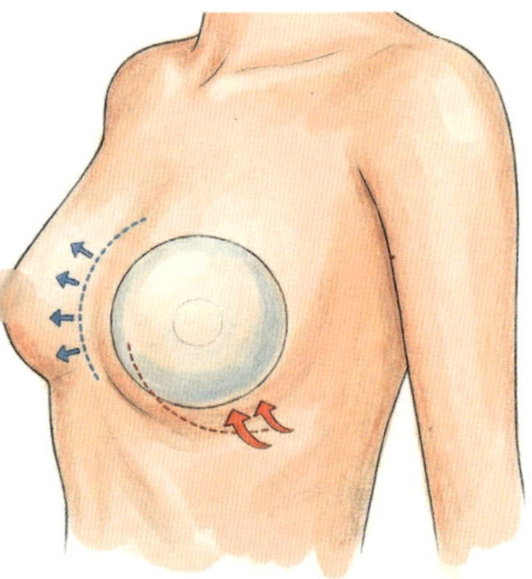

세상에는 가슴으로 인한 고민이 정말 다양합니다. 작아서 고민인 분도 계시지만, 의외로 많은 분들이 크고 무거운 가슴이 처지면서 생기는 문제로 불편을 겪고 있습니다. 그중에서도 많은 분들이 겪는 '가슴 처짐'과 그에 대한 해결 방법인 가슴 거상 수술에 대해 알아보겠습니다.

우리 몸은 지구의 중력에서 자유로울 수 없습니다. 가슴 역시 마찬가지입니다. 일반적으로 여성은 20대 중후반부터 가슴이 서서히 처지기 시작하며, 윗가슴의 볼륨이 줄고 유두의 방향이 아래로 향하게 되는 것을 경험합니다. 실제로 진료실에서 "윗가슴이 꺼진 느낌이 들어요"라고 말하시는 분들이 많습니다. 이는 단순한 볼륨 부족이 아닌 노화에 따른 유방 하수의 전형적인 신호입니다.

가슴 처짐의 원인을 이해하기 위해선 먼저 가슴의 구조를 알아야 합니다. 가슴은 지방조직, 유선조직, 유관(젖줄), 그리고 가슴을 지지하는 쿠퍼 인대로 구성되어 있습니다. 유선조직은 단순히 모유를 생성하는 기능 외에도, 가슴의 형태를 유지하는 뼈대 역할을 합니다. 따라서 유선조직이 많을수록 가슴 형태가 단단하고 처짐에 강하며, 반대로 지방조직이 많을수록 모양이 쉽게 변형됩니다.

특히 쿠퍼 인대는 가슴의 탄력을 유지하는 데 결정적인 역할을 합니다. 이 인대가 느슨해지거나 끊어지게 되면 가슴은 아래로 처지게 되며, 여기에 호르몬 변화, 급격한 체중 변화, 임신과 수유 등이 복합적으로 작용하면서 노화와 함께 가슴 처짐이 가속화됩니다. 임신 중 늘어난 유선조직은 출산과 수유가 끝난 후 풍선에서 바람이 빠지듯 탄력을 잃고 쳐지게 되죠.

그렇다면, 가슴이 얼마나 처졌는지를 어떻게 알 수 있을까요? 바로 유두의 위치와 가슴 밑선(주름선)의 상대적 위치를 기준으로 진단합니다.

- 유두가 가슴 밑선보다 1cm 정도 내려갔다면 '경도 유방하수',
- 2cm 이상이면 '중등도 유방하수',
- 3cm 이상일 경우 '중증 유방하수'로 분류됩니다.

가슴 처짐이 심하지 않은 경우에는 보형물 삽입만으로도 윗가슴의 볼륨을 채워 거상의 효과를 낼 수 있습니다. 하지만 이미 피부 탄력이 크게 떨어진 상태라면, 보형물만 넣을 경우 오히려 더 부자연스러운 결과가 나올 수 있습니다. 처진 가슴 조직과 피부를 거상하지 않고 삽입할 경우, 시간이 지나면서 처진 가슴 조직은 더 쳐져보이고, 삽입한 보형물은 가슴 조직과 따로 노는 이질적인 가슴으로 보일 수 있습니다. 따라서 이럴 때는 가슴 거상 수술과 보형물 삽입을 함께 고려해야 합니다.

가슴 거상 수술은 처짐의 정도와 가슴 크기에 따라 적절한 절개법을 선택합니다.

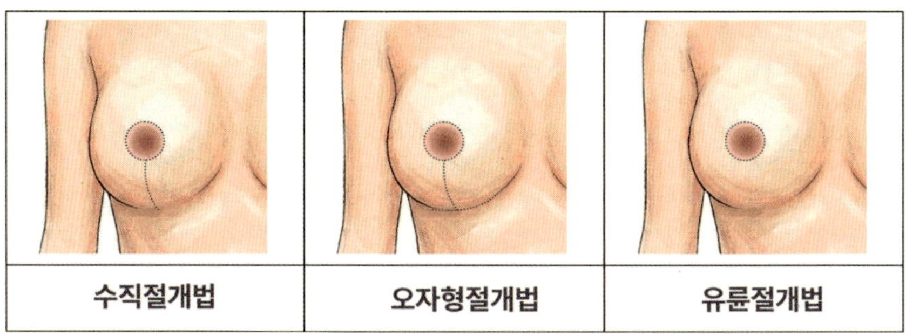

유륜 절개법은 가슴 둘레의 피부만 소량 절제하는 방식으로, 경미한 유방하수에 적합합니다. 흉터 부담이 적어 미혼 여성에게도 추천되는 수술법입니다.

수직 절개법은 유륜 아래로 직선 절개를 추가하는 방식으로, 중등도 처짐과 평균 크기의 가슴에 적합합니다. 절개는 늘어나지만, 비교적 흉터 부담 없이 효과적인 개선이 가능합니다.

오자형 절개법(Inverted T)은 가장 넓은 절개를 필요로 하지만, 심한 처짐이나 유방이 많은 경우, 피부, 지방, 유선 조직을 동시에 제거하는 매우 효과적인 수술법입니다. 흉터는 남지만 가장 확실한 개선이 가능한 방식입니다.

많은 분들이 "나는 너무 많이 처졌어요"라며 수술 자체를 포기하시곤 합니다. 하지만 정답은 의외로 간단합니다. 가슴 처짐도 교정할 수 있습니다. 그리고 그 결과는 생각보다 당당하고 새로운 삶의 시작이 될 수 있습니다.

처진 가슴을 마주하며 자신감을 잃어가고 계신다면, 수술 여부를 떠나 먼저 정확한 진단과 상담을 받아보시길 권합니다. 자신에게 맞는 수술법을 찾고, 올바른 정보를 바탕으로 결정한다면 '처진 가슴'이라는 고민은 더 이상 평생 안고 가야 할 문제가 아닙니다.

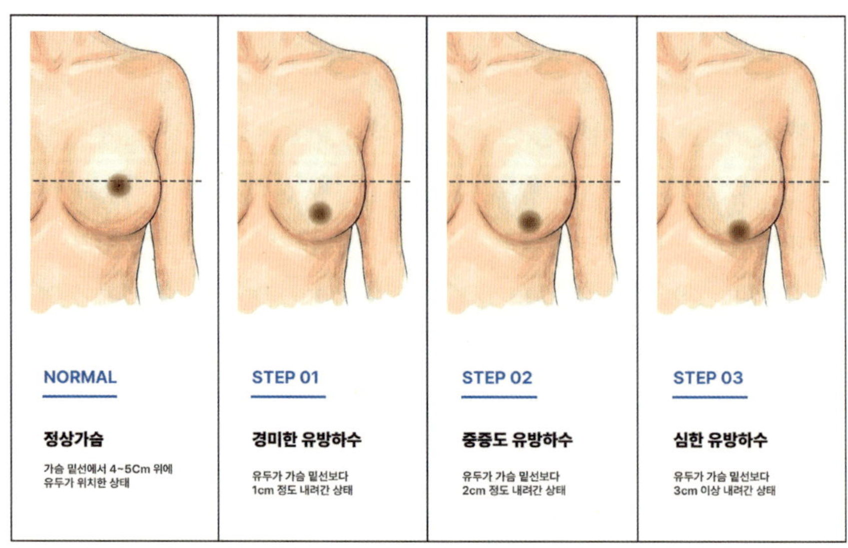

11-2. 가슴 축소술과 거상 수술의 차이점은 무엇인가요?

최근 몇 년 사이, 외모뿐만 아니라 체형에 대한 관심이 높아지면서 '가슴 축소 수술'을 고려하는 분들도 점차 늘고 있습니다. 기존에는 주로 확대 수술에 대한 관심이 높았다면, 이제는 선천적인 거대 유방증, 출산과 수유 후의 변화, 그리고 노화로 인한 유방 하수(처짐) 등의 이유로 일상생활에 불편을 겪는 여성들이 가슴 축소 수술을 통해 삶의 질을 높이고자 하는 흐름이 뚜렷해지고 있습니다.

크고 무거운 가슴은 보기엔 풍만할 수 있지만, 실제로는 어깨 통증, 허리 통증, 구부정한 자세, 무너진 바디라인 등 신체 전반에 악영향을 미칠 수 있습니다. 여기에 속옷 자국으로 인한 피부 자극, 땀으로 인한 습진, 옷 맵시가 살지 않는 문제까지 겹치면서 심리적인 위축감과 자존감 저하로 이어지는 경우도 많습니다. 그렇기에 가슴 축소 수술은 단순히 미용적인 목적을 넘어서, 기능적·심리적인 회복을 위한 선택이 되기도 합니다.

가슴 축소 수술은 처진 유방 조직을 위로 올리는 '가슴 거상 수술'과 혼동되기도 합니다. 두 수술 모두 '유방 하수'에 대응하는 수술법이지만, 목적과 수술 방법에 있어 분명한 차이가 있습니다. 가슴 거상 수술은 볼륨은 유지하되, 늘어진 피부만을 정리하여 탄탄한 가슴 라인을 복원하는 것이 목적입니다. 반면 가슴 축소 수술은 피부와 함께 과도한 유선 조직 및 지방까지 절제하여 전체 볼륨을 줄이고, 동시에 처진 가슴을 위로 끌어올리는 데 집중합니다.

가슴 축소 수술의 절개법은 가슴의 크기와 처짐 정도에 따라 나뉘는데, 대표적인 방법은 세 가지입니다.

유륜 절개법은 가슴 중앙 유륜 주위만을 절개하는 방법으로, 흉터가 가장 작게 남는 장점이 있습니다. 하지만 처짐이 심하거나 볼륨이 큰 가슴에는 적용이 어렵다는 단점이 있습니다.

수직 절개법은 유륜을 따라 절개한 뒤, 아래쪽으로 일직선으로 피부를 절개하여 가슴 하부를 봉합하는 방식입니다. 피부는 많이 제거하지 않아도 되며, 중간 크기 가슴의 축소와 거상에 적합한 수술법입니다. 흉터는 유륜 아래로 수직으로 남습니다.

오자형 절개법(Inverted T)은 유륜 둘레, 수직선, 그리고 가슴 밑선까지 이어지는 가장 광범위한 절개를 필요로 하는 방법으로, 대용량의 피부와 유선 조직을 동시에 제거해야 하는 큰 가슴에 적합합니다. 흉터는 많지만 가장 효과적인 축소와 라인 개선이 가능해 만족도가 높습니다.

　가슴 축소 및 거상 수술은 흉터를 받아들일 마음의 준비가 필요하고, 실제 수술을 결심하기까지 많은 고민을 하게 됩니다. 그러나 수술 후 일상에서 경험하는 변화는 생각보다 큽니다. 옷이 잘 맞고, 자세가 좋아지고, 통증이 줄며, 스스로를 당당하게 대할 수 있게 되는 순간이 오면 대부분의 환자들이 '왜 진작 하지 않았을까' 하는 아쉬움을 토로할 정도입니다.

　무거운 가슴이 일상생활의 불편함을 유발하고 있다면, 더 이상 참고 지내기보다는 가슴 축소 수술을 통한 삶의 개선을 고민해볼 때입니다. 단순한 외모의 변화가 아니라, 몸과 마음이 함께 가벼워지는 변화가 시작될 수 있습니다.

사례12.
애니메이션 현상을
삼중평면법으로 교정하다.

이번 사례는 가슴 성형을 고민하던 한 환자의 이야기입니다. 이 환자는 몇 년간 가슴 수술에 대한 고민을 하던 중, 올해 퇴사를 계기로 첫번째 가슴 수술로 인한 모양의 불만족와 운동할 때 보형물이 같이 움직이면서 느꼈던 불편함을 해결하기 위해 상담을 원하셨던 분이었습니다. 특히 운동을 즐겨하던 환자는 운동할 때 생기는 애니메이션 현상을 해결하기를 원했습니다.

환자의 첫 번째 수술은 이중평면법으로 진행되었지만, 오른쪽 가슴이 왼쪽보다 치우쳐졌고, 가슴골이 비대칭적인 모양이 되면서 불만족을 느끼고 있었습니다. 특히 운동하는 도중의 애니메이션으로 인한 불편함이 커졌고, 이로 인해서 재수술을 고려하게 되었습니다. 1차로 기존 병원에서A/S를 받아서, 가슴 위치의 비대칭은 개선되었으나 여전히 애니메이션 현상과 윗볼록 문제가 남아 있어 1년이 지난 지금 다시 상담을 받기 위해 저희 병원을 찾아왔습니다. 또한, 환자는 서핑과 클라이밍을 좋아했기에 이 운동들을 지속할 수 있을지에 대한 걱정도 컸습니다. 혹시 수술후 운동에 대한 제약이 있을까 걱정을 했고, 본인의 취미 활동에 영향을 미칠까 걱정을 했습니다.사실 이중평면법은 보형물을 근육과 조직 사이에 배치하는 수술로, 자연스러운 가슴 모양을 연출할 수 있지만 애니메이션 현상, 즉 근육의 수축과 이완에 따라 보형물이 움직이는 현상이 발생할 수 있습니다. 이런 움직임은 특히 서핑처럼 팔과 상체를 많이 사용하는 운동에서는 더 두드러지게 나타날 수 있기 때문에, 운동 중에 불편함을 겪을 가능성이 있습니다.

반면 삼중평면법은 이중평면법에서 좀더 발전된 수술법으로 이 수술법은 근육의 재배치를 통해 보형물의 안정성을 더욱 강화하며, 애니메이션 현상과 같은 부작용을 줄이는 데 효과적입니다. 즉, 삼중평면법은 보형물의 상부는 근육아래 하부는 브라플랩 아래 배치하여 보형물 상단은 가려주고 하단은 튼튼하게 받쳐주어 이중평면법과 동일하게 자연스럽게 근육아래 재배치하면서도, 하부 안정성을 높여 애니메이션 현상, 가슴 벌어짐, 밑빠짐 등의 문제를 예방할 수 있습니다. 운동을 자주 하거나 서핑과 같은 활동적인 운동을 취미생활로 즐기는 환자분에게는 삼중평면법이 훨씬 더 적합한 방법이 될 수 있습니다.

이 환자분의 경우, 이미 첫 수술을 받은 병원에서 1차 A/S를 받았지만 불만족스러운 결과가 남아 있어서, 다시 상담을 받기로 결정하셨습니다. 그런데 한쪽 가슴만 재수술을 하는 것에 대해 고민이 많으셨습니다. 사실 한쪽만 수정하는 경우에는 일부 환자에게는 가능하지만, 한쪽만 교정했을 때 다른 쪽과 자연스럽게 일치하지 않으면서, 전체적인 균형에 문제가 생길 수 있습니다. 따라서 이러한 수술을 고려할 때는 충분한 상담을 통해 최적의 방법을 결정해야 하며,

두 번째 수술에서 얻고자 하는 목표를 명확히 해야 합니다.

결론적으로, 이 환자는 삼중평면법을 통해서 애니메이션 현상으로 걱정되는 운동의 제약을 최소화하면서, 가슴의 자연스러운 형태와 촉감을 유지할 수 있도록 계획하였습니다. 또한, 첫 수술에서 발생한 문제를 교정할 수 있는 방법으로, 가슴 위치와 모양을 더욱 자연스럽게 개선할 수 있습니다. 수술 후 3개월에서 6개월이 지나면서 운동에 대한 제약이 많이 해소되어, 환자분이 원하는 활동을 자유롭게 즐기실 수 있었습니다.물론, 모든 수술은 개별적인 특성과 상태에 따라 결과가 달라질 수 있기 때문에, 충분한 상담을 거쳐 최적의 방법을 선택하는 것이 중요합니다.

12-1 가슴성형부작용 예방 및 해결 방법

가슴 성형은 외형적인 콤플렉스를 해소하고 삶의 자신감을 높이는 데 큰 도움이 될 수 있는 수술입니다. 하지만 인체 내에 보형물을 삽입하는 수술인 만큼, 항상 부작용이 발생할 수도 있다는 점을 반드시 인지하고 수술을 준비해야 합니다. 모든 수술이 그러하듯, 가슴 성형 역시 완전히 부작용이 없는 수술은 아닙니다.

가장 먼저 알아두셔야 할 부작용은 혈종과 장액종입니다. 수술 후 2주 이내에 발생할 수 있으며, 혈종은 수술 부위에 피가 고이는 현상, 장액종은 조직액이 고이는 현상을 말합니다. 수술 중 지혈이 충분히 되었다 하더라도, 마취에서 깨어날 때 혈압이 상승하거나 사소한 외부 자극으로 출혈이 발생할 수 있습니다. 특히 세심한 조직 박리가 되지 못하고, 가슴 근육의 손상을 많이 생기게 한 경우에는 간혹수술 후 며칠간 점점 붓기가 심해지며 통증이 나타날 수 있습니다. 이런 경우 초음파 검사를 통한 확인이 필요하며, 기존 절개 부위를 통해서

세척만으로도 대부분 회복이 가능합니다.

다음은 리플링 현상입니다. 이는 보형물을 덮고 있는 피부가 얇거나 유선 조직이 부족한 경우발생할 수 있습니다. 피부 표면에 보형물의 주름이 만져지거나 보이는 것으로, 마른 체형으로 피부의 두께가 얇을수록 발생 확률이 높습니다. 삼중평면법을 선택하거나, 수술 전 피부의 두께를 예측하여 적절한 관리 방법을 병행하면 충분히 예방하거나 완화할 수 있습니다.

또 다른 부작용은 이중주름(더블 폴드)입니다. 이는 가슴 하부에 원래 존재하던 밑주름 인대가 수술 후에도 남아 있을 경우, 새로운 보형물이 아래쪽에 자리 잡으면서 두 겹의 주름선이 생기는 현상입니다. 마치 가슴이 두개로 나누어 진 것 처럼 보일 수 있는데, 과거 단순 근육하 삽입에서 자주 나타났으며, 특히 유두에서 밑선까지의 거리가 짧은 경우에는 주의가 필요합니다. 특히 이렇게 밑선까지의 거리가 짧은 경우 그 밑선을 늘려 주기 위해서는 밑선 절개를 해야 한다는 처방을 받을 수 있으나, 겨드랑이 절개를 이용해서 내시경을 이용하면, 안쪽에서 주름선을 풀어주는 기술이 있다면, 겨드랑이 절개를 통해서도 충분히 예방이 가능합니다.

그리고, 가슴 확대 수술이후 생기는 가장 잘 알려진 합병증 중 하나는 구형구축입니다. 이는 보형물 주변에 형성되는 피막이 비정상적으로 두껍고 단단하게 수축하면서 가슴이 딱딱해지고 형태가 일그러지는 현상입니다. 감염, 출혈, 보형물 파열 등이 주요 원인으로, 3개월에서 6개월 사이에 시작되어 구형구축이 진행되어단단한 피막이 두꺼워지는 구축의 3단계 이상으로 진행하게 되면 재수술이 필요합니다. 구형구축을 예방하려면 수술 도중의 출혈을 최소화하고, 초기 회복기에 염증 반응을 적극적으로 관리하는 것이 중요합니다.

마지막으로 소개할 부작용은 밑빠짐 현상입니다. 이는 보형물이 시간이 지나면서 원래 위치보다 아래로 이동하는 현상입니다. 체형에 맞지 않는 큰 보형물, 과도한 하방으로의 박리, 반복된 압박이나 충격 등이 원인이 될 수 있으며, 일반적으로 수술 후 3~6개월 사이에 발생합니다. 피부가 얇거나 탄력이 약한 경우에도 발생할 수 있습니다. 저희 병원에서는 삼중평면법으로 밑빠짐을 예방하고 있으며, 이 방법은 비대칭이나 밑선 변형 예방에도 효과적인 수술법입니다. 경미한 경우 보정 속옷의 착용만으로도 개선이 가능하지만, 심한 경우에는 재수술이 필요할 수 있습니다.

가슴 성형은 단순히 가슴의 크기만 키우는 수술이 아닙니다. 수술의 설계, 박리 범위, 절개 위치, 보형물 선택, 체형 맞춤 디자인까지 모든 요소가 조화롭게 맞아야 안전하고 아름다운 결과를 만들 수 있습니다. 가슴 성형을 고려하신다면, 수술 전 반드시 부작용의 종류와 예방 방법에 대해 충분히 숙지하시고, 경험 많은 의료진과의 상담을 통해 자신에게 가장 적합한 방식으로 진행하시길 권해드립니다.

12-2 한 듯? 안한 듯, 내가슴처럼 보이기 위한 수술법

가슴 성형을 고민하는 분들이 상담에서 가장 많이 질문하는 부분 중의 하나는 "촉감은 어떤가요?"입니다. 눈에 보이는 모양도 중요하지만, 실제 일상에서 느끼는 '촉감'이야말로 가슴 성형의 만족도를 결정짓는 중요한 요소입니다. 그런데 촉감에 영향을 주는 요소는 단순히 보형물의 종류만이 아닙니다. 오히려 삽입 위치, 수술 방법, 피부의 두께와 유방 조직량이 촉감에 더 큰 영향을 줍니다.

가장 많이 사용되는 보형물 삽입 위치는 '근막하' 또는 '이중 평면법'입니다. 먼저 근막하 수술법은 대흉근 위, 근막 아래에 보형물을 삽입하는 방식입니다. 이 방법은 근육을 크게 건드리지 않기 때문에 수술 후 통증이 적고 회복이 빠르다는 장점이 있습니다. 또한 근육의 움직임에 따른 보형물의 변형이 적어 안정적인 모양을 유지하기 좋습니다. 하지만 유방 조직이 얇거나 피부 두께가 얇은 경우, 보형물이 겉으로 비쳐 보이거나 만져질 수 있다는 단점이 있습니다. 특히 동양인처럼 마른 체형이 많은 경우에는 이 수술법이 불리할 수 있습니다.

반대로 이중 평면법은 보형물의 상부는 대흉근 아래, 하부는 유방 조직 아래에 위치시키는 방식입니다. 이 방법은 피부와 조직이 얇은 분들, 특히 마른 체형의 여성에게 더욱 적합하며, 자연스러운 윗가슴 곡선과 촉감을 연출할 수 있습니다. 또한 대흉근이 윗부분에서만 보형물을 덮기 때문에 근육의 움직임에 따른 보형물의 불편한 변형을 방지할 수 있고, 시간이 지나면서도 보다 부드러운 촉감을 유지할 수 있게 됩니다.

삼중평면법은 이중평면법의 장점은 강화하고, 단점은 보완한 수술 방법으로 보형물의 상부의 대흉근 아래에, 그리고하부는 대흉근의 위치를 재배치해서 보형물을 지지하게 함으로써 보형물 공간의 안정성을 크게 높이는 방식입니다.이중평면법의 자연스러운 가슴 모양과 촉감을 유지하면서도, 보형물 위치를 보다 정확하게 고정할 수 있어 수술 후 나타날 수 있는 애니메이션 현상, 가슴 벌어짐, 위치 이동 등의 여러 부작용을 예방할 수 있습니다.

특히 애니메이션 현상은 대흉근 수축 시 보형물이 움직이며 일상생활에서 반복적으로 불편감을 주는 증상으로, 눈에 띄는 경우 재수술이 필요합니다.

삼중평면법은 수술 중 대흉근 하부 기시부를 정확하게 절제하고, 그 위치를 재배치 하여, 보형물이 근육의 영향을 받지 않도록 설계합니다. 따라서 가슴 운동뿐 아니라 일상 동작에서도 보형물이 움직이는 현상을 거의 느끼지 않게 됩니다.

하지만 같은 수술 방법을 택했다고 하더라도 모든 환자가 동일한 촉감을 느끼는 것은 아닙니다. 그 이유는 각 개인의 피부 탄력과 유방 조직의 두께가 다르기 때문입니다. 피부가 잘 늘어나고 유연한 사람일수록 보형물이 더 자연스럽게 자리 잡고 촉감이 부드럽습니다. 반면, 피부가 두껍거나 단단한 경우, 혹은 유방 조직이 거의 없는 경우에는 보형물의 경계가 만져지거나, 딱딱하게 느껴질 수 있습니다. 그래서 마른 체형이거나 조직량이 적은 분들은 처음 수술 후 일정 기간 동안은 보형물의 단단한 느낌이 들 수 있습니다.

이러한 초기의 단단함은 시간이 지나면서 점차 개선됩니다. 보통 6개월 정도가 지나면 보형물이 몸 안에 안정적으로 자리 잡고, 피부도 자연스럽게 늘어나면서 촉감이 부드러워집니다. 하지만 이 기간 동안 적절한 사후 관리가 함께 이루어진다면 회복 속도도 빨라지고 촉감도 더욱 개선될 수 있습니다.

실제로 저희 병원에서는 수술 후 일정 기간 동안 LDM 레이저 관리,힐라이트 레이저, 고주파 관리, 캡슐러티스, 고압산소치료 관리 등을 병행해 드리고 있습니다. 힐라이트는 통증과 붓기를 줄여주고, 고주파 관리는 심부열을 발생시켜 조직의 회복을 돕고 촉감을 부드럽게 만들어줍니다. 특히 캡슐러티스는 보형물 주변에 생기는 피막 조직을 안정시켜 구형구축을 예방할 뿐 아니라 미세 진동을 통해 딱딱한 느낌을 완화하는 데에도 탁월한 효과를 보입니다.

결론적으로 가슴 성형에서 촉감을 좌우하는 요소는 단순히 '보형물의 종류'만이 아닙니다. 수술 방법의 선택, 삽입 위치, 개인의 조직 상태, 그리고 수술 후의 사후 관리까지 모두 복합적으로 작용하여 수술의 완성도를 결정짓습니다. 자연스럽고 부드러운 촉감을 원하신다면 수술 전에는 반드시 자신의 체형에 맞는 수술 방법을 의료진과 충분히 상담해야 하며, 수술 후에도 적극적으로 관리 프로그램을 활용하는 것이 좋습니다.

가슴 성형은 단지 가슴의 '크기'를 키우는 것이 아니라, 그 '느낌'까지 고려해야 완성되는 수술입니다. 촉감이 좋은 가슴을 원하신다면, 수술 방법과 회복 과정의 디테일까지 꼼꼼히 따져보시기 바랍니다.

부록.
박영지 원장

13-1 가슴성형보형물, 삽입은 위치빨!?

가슴 성형을 고려할 때, 수술 전 미리 결정해야 할 중요한 요소들이 있습니다. 어떤 종류의 보형물을 사용할지, 크기는 몇 cc가 적당할지, 절개 부위는 어디로 할지, 그리고 보형물을 어디에 삽입할지에 대한 결정이 필요합니다. 가슴은 크게 피부, 유선 조직, 대흉근으로 구성되어 있습니다. 대흉근은 어깨에서 시작해 가슴과 갈비뼈까지 넓게 덮는 큰 근육으로, 수술 시 보형물이 이 구조물들 중 어디에 위치하느냐에 따라 결과와 부작용 가능성에 큰 차이를 보입니다.

보형물 삽입 위치는 크게 네 가지 수술법으로 나눌 수 있습니다.

1. 근막하 삽입법

보형물을 유선 조직 뒤, 근막과 근육 사이에 삽입하는 방법입니다. 근육 손상을 최소화하고 회복이 빠르며, 밑선 조절이 용이한 장점이 있습니다. 하지만 피하지방이 적거나 유선 조직이 많지 않은 분들은 보형물이 티가 날 수 있습니다.

2. 근육하 삽입법

보형물이 대흉근 전체 아래로 들어가는 방식으로, 보형물 노출이 적고 자연스러운 결과를 만들 수 있습니다. 하지만 보형물이 근육 수축에 직접적으로 영향을 받아 애니메이션 현상이나 움직임이 도드라질 수 있으며, 시간이 지날수록 보형물이 점점 올라가서 윗볼록이 생길 수 있으며, 큰 보형물을 삽입한 경우에는 티가 날 수 있어 일반적으로는 많이 사용되지 않습니다.

3. 이중평면법

가장 널리 사용되는 방법 중 하나로, 보형물 상부는 근육 아래에, 하부는 유선 조직 아래에 위치시킵니다. 덕분에 보형물 경계가 드러나지 않으며, 자연스러운 라인과 촉감을 연출할 수 있고, 처진 가슴 교정에도 효과적입니다. 특히 피부나 유선 조직이 얇은 분들에게 적합하기 때문에 동양인 가슴 성형에 있어서 가장 많이 선택되는 방법입니다.

4. 삼중평면법

삼중평면법은 이중평면법의 장점은 강화하고, 단점은 보완한 수술 방법으로 보형물의 상부는 대흉근 아래에, 그리고 하부는 대흉근의 위치를 재배치해서 보형물을 지지하게 함으로써 보형물 공간의 안정성을 크게 높이는 방식입니다. 이중평면법의 자연스러운 가슴 모양과 촉감을 유지하면서도, 보형물 위치를 보다 정확하게 고정할 수 있어 수술 후 나타날 수 있는 애니메이션 현상, 가슴 벌어짐, 위치 이동 등의 여러 부작용을 예방할 수 있습니다.

☑ 집에서 간단히 체크해보는 수술법 선택법

내게 맞는 수술법은 어떻게 알 수 있을까요? 간단한 자가진단 방법이 있습니다.

윗가슴을 손가락으로 집었을 때 두께가 2cm 이하라면, 이중평면법이 유리합니다.

가슴이 처져 보이거나 윗가슴이 꺼져 보이는 경우에도 이중평면법이 효과적입니다.

반면, 가슴 조직이 충분하고 한 컵 정도만 살짝 키우고 싶은 경우라면 근막하 삽입법도 고려할 수 있습니다. 하지만 마른 체형에서는 리플링이나 보형물 노출 등의 부작용 가능성 때문에 이중평면법이 더 안전한 선택일 수 있습니다.

수술 전에는 반드시 자신의 조직 두께, 피부 탄력, 유선 발달 정도를 의료진과 충분히 상의하고, 시뮬레이션 등을 통해 자신에게 맞는 수술 방법을 결정하는 것이 중요합니다. 특히 동양인의 체형에는 이중평면법이 많은 단점을 보완하며 좋은 결과를 이끌어낼 수 있습니다.

가슴 성형은 단순히 '크게 만드는 수술'이 아니라, '오래도록 건강하고 아름답게 유지되는 수술'이어야 합니다. 수술 전 꼼꼼한 상담과 검토가 결국 수술 결과를 결정짓는 가장 중요한 요소입니다.

13-2 "여기 혹시 캡슐러티스 사용하나요?"

가슴 성형은 사이즈나 모양에 대한 오랜 콤플렉스를 단번에 해소할 수 있는 효과적인 수술입니다. 실제로 수술을 받은 많은 분들이 외모와 자신감 면에서 만족감을 표현하지만, 모든 수술이 그렇듯이 부작용의 가능성과 회복 기간에 대한 부담으로 고민하는 분들도 많습니다.

특히 가슴 성형은 우리 몸 속에 인공 보형물을 삽입하는 수술이기 때문에, 수술 후의 회복 과정이 예후에 큰 영향을 미칩니다. 체내에 보형물이 들어가면, 우리 면역 시스템은 이를 외부 물질로 인식해 '피막'이라는 생체 방어막을 형성하게 됩니다. 이는 자연스러운 반응이지만, 피막이 너무 두껍게 형성되면 가슴이 단단해지고 모양이 변형되며 통증까지 동반되는 '구형구축'이라는 부작용이 발생할 수 있습니다.

이러한 구형구축의 발생 확률은 높지 않지만 누구에게나 생길 수 있으므로, 수술 후 적극적인 관리가 반드시 필요합니다. 가장 먼저 할 수 있는 것은 병원에서 처방해주는 구형구축 예방약의 꾸준한 복용입니다. 흡연과 음주는 최소한 달간 중단해야 하며, 격렬한 운동이나 옆으로 누워 자는 것도 피하는 것이 좋습니다.

저희 병원에서는 보다 전문적인 사후 관리 프로그램을 제공하고 있습니다. 대표적인 사후 관리 장비로는 LDM, 힐라이트, 고주파 치료, 흉터 레이저, 캡슐러티스, 고압산소치료 등이 있습니다.

힐라이트는 두 가지 파장의 빛을 통해 통증과 부기를 완화하고, 혈액순환을

도와 상처 회복을 촉진시킵니다. 수술 부위의 회복 속도를 높이고 전반적인 통증을 줄이는 데 효과적입니다.

고주파 치료는 열 에너지를 이용한 장비로, 피부 깊숙이 전달되는 열이 세포를 자극해 심부열을 발생시킵니다. 이 열은 콜라겐 재생을 촉진하고, 수술 후 뭉친 조직을 풀어주어 촉감을 개선하며 부기를 가라앉히는 데 탁월한 효과를 보입니다.

흉터 레이저는 수술 흉터의 색소 침착과 융기를 개선하는 데 도움을 주며, 보통 피부과 의료진과의 협진 시스템을 통해 진행됩니다. 사전에 해당 병원에 흉터 케어 시스템이 갖춰져 있는지도 꼭 확인하는 것이 좋습니다.

마지막으로 가장 중요한 장비 중 하나는 캡슐러티스(Capsulitis)입니다. 이 장비는 가슴 연조직을 안정시키고 촉감을 부드럽게 하며, 빠른 회복을 도와주는 가슴 수술 사후 관리 전문 장비입니다. 특히 이미 피막이 형성된 환자에게는 초음파 에너지를 통해 피막의 두께를 줄여주는 효과까지 있기 때문에 매우 중요한 사후관리 수단입니다.

캡슐러티스는 미세 진동 마사지를 제공하기 때문에 별도의 강한 수기 마사지를 받지 않아도 되고, 뭉친 조직을 효과적으로 풀어주며 붓기와 멍 제거에도 도움이 됩니다. 이러한 관리들은 수술 후 환자가 감수해야 할 불편함을 최소화하고, 장기적으로 더욱 만족스러운 결과를 이끌어낼 수 있도록 도와줍니다.

결국 수술 결과는 수술실 안에서 끝나는 것이 아니라, 수술 이후 환자와 병원이 함께 만들어가는 과정 속에서 완성됩니다. 수술 전 상담 시, 반드시 병원에서 제공하는 사후 관리 장비와 시스템에 대해 확인하고, 자신이 받을 수 있는 관리의 범위를 충분히 이해하는 것이 중요합니다.

좋은 가슴 성형 결과를 위해서는 수술 후에도 철저한 관리와 꾸준한 노력이 함께 이뤄져야 한다는 점을 꼭 기억해 주세요.

13-3 반드시 확인하세요. 밑선 절개 가슴수술 후 주의사항!

언젠가 유방암 수술을 앞둔 환자와 상담을 한 적이 있습니다. 환자는 암이라는 병 자체보다도, 수술 후 가슴이 사라지는 것에 대한 두려움이 더 크다고 이야기했습니다. 이후 수술이 잘 끝나고, 성형외과에서 유방 재건을 받은 뒤 기쁨과 안정을 되찾은 모습을 보며 저는 깨달았습니다.

"가슴 성형으로도 누군가의 삶을 구할 수 있구나."

그 경험은 저에게 상담이라는 첫 걸음의 중요성을 다시금 느끼게 해주었습니다. 사람마다 체형도, 피부도, 원하는 가슴의 모양과 크기도 모두 다릅니다. 그래서 저는 어떤 수술도 '정해진 공식'으로 접근하지 않습니다. 보형물의 종류, 크기, 삽입 위치, 절개 방법까지 모든 요소를 환자 맞춤형으로 설계해야 하기 때문입니다.

그중 밑선 절개법은 가슴 하단의 주름선 바로 위를 절개하여 보형물을 삽입하는 수술법입니다. 이 방식은 보형물에 꼭 맞는 가슴방을 만들 수 있어 안정성이 높고, 회복 기간이 빠르며, 팔 사용이 자유롭고 비대칭 교정에 유리하다는 장점이 있습니다. 다만 겨드랑이 절개처럼 흉터가 자연스럽게 숨겨지지 않기 때문에, 수술 후 흉터에 대한 부담이 있을 수 있습니다.

하지만 흉터는 디자인과 기술로 어느 정도 극복이 가능합니다. 밑선 높낮이를 정밀하게 조절하면, 자연스럽게 내려오는 가슴 조직이 흉터를 덮어주는 효과를 볼 수 있습니다. 저는 이 과정에서 삼중 근막 고정 기법을 사용하여 밑선 변형을 막고, 보형물의 위치도 안정적으로 고정합니다. 이는 보형물의 회전이나 위치 이동을 최소화하며, 결과적으로 환자 만족도를 크게 높여줍니다. 흉터도 최소 절개법을 통해 2.5cm 정도로 최소화하고 있습니다.

밑선 절개를 고려하시는 분들은 수술 후 관리도 함께 고민하셔야 합니다. 특히 흉터가 핵심인 만큼, 회복기에는 이를 중심으로 한 사후관리가 중요합니다.
수술 직후 48시간 동안은 식사나 세수 외에는 팔 사용을 최대한 줄이고 안정을 취하셔야 합니다. 수술 직후에는 상체를 20-30도 세운 자세로 누워 주무시는 것이 좋으며, 옆으로 눕거나 엎드리는 자세는 금물입니다.

붓기는 대부분 2-3일 이후부터 서서히 빠지지만, 양쪽 붓기나 통증이 심하게 차이 날 경우 즉시 병원에 연락하셔야 합니다.

수술 후 3~4일이 지나면 일상적인 상체 사용이 가능하지만, 무거운 물건을 드는 행위나 강한 팔 힘 사용은 4주 정도 피하셔야 합니다. 수술 당일 처방받은 항생제와 진통제는 반드시 복용하고, 이상증상이 생기면 바로 병원에 알려야 합니다.

또한 1개월 정도 동안은 특별히 디자인된 보정 속옷과 밴드를 착용하셔야 하며, 저는 이 시기에 환자마다 보형물 자리를 주기적으로 체크하여 이상적인 모양과 위치로 유지해드립니다.

술이나 담배는 혈액순환과 흉터 회복에 큰 영향을 주기 때문에 6주간은 반드시 금해야 합니다. 찜질방, 사우나, 목욕탕 등도 상처 회복을 방해할 수 있어 최소 한 달은 피하는 것이 좋습니다.

수술 후 1개월부터 3개월까지는 보정 속옷에서 스포츠 브라로 전환하는 시기입니다. 밑둘레는 딱 맞고, 컵은 반 컵 정도 살짝 큰 제품을 추천드립니다. 상체 근력운동은 1개월 후, 가슴 운동은 3개월 정도는 지난 후부터 시작하는 것이 이상적입니다.

3개월이 지나면 엎드려 자는 자세도 가능해지고, 대부분의 일상생활에 불편함이 없어집니다. 6개월~1년 사이에는 일반 브라 착용이 가능하지만, 이 역시 수술 경과에 따라 판단이 필요합니다.

밑선 절개의 유일한 단점은 '흉터'입니다. 하지만 저는 그 흉터마저 디자인의 일부로 녹여내는 것을 목표로 수술합니다. 흉터를 줄이고, 밑선의 높낮이를 세심하게 조정하여 수술 이후에도 오랫동안 자연스럽고 아름다운 가슴을 유지할 수 있도록 최선을 다하고 있습니다.

이 글을 보시는 분 중 밑선 절개를 고민하고 계시다면, 흉터만을 기준으로 결정하기보다 본인의 체형과 원하는 결과에 따라 신중히 상담을 받아보시길 권해드립니다.

디자인과 기술이 만나는 그 지점에, 더 이상 두려움 없는 아름다움이 존재합니다.

13-4 가슴수술흉터, 고민을 해결해 드립니다!

가슴 성형은 오늘날 가장 흔히 시행되는 체형 성형 중 하나입니다. 자신의 체형에 맞는 아름다운 가슴 라인을 만들기 위한 선택으로, 외모에 대한 콤플렉스를 해소하고 자신감을 회복하는 데 매우 효과적입니다. 하지만 수술을 결심한 환자들이 가장 걱정하는 부분 중 하나는 바로 '흉터'입니다.

가슴 성형 수술은 보형물을 삽입해야 하기 때문에 절개는 불가피합니다. 보형물을 넣기 위해 조직을 박리하고, 공간을 만들며, 이를 통해 새로운 곡선을 설계하는 것이기 때문에 '절개 없는 성형'은 사실상 존재하지 않습니다. 많은 환자들이 수술을 통해 자신감을 되찾지만, 수술 후 눈에 띄는 흉터가 또 다른 스트레스로 작용하게 되는 경우도 적지 않습니다.

우리의 피부는 마치 스판 재질의 옷과도 같습니다. 스판 옷에 가위로 작게 절개를 넣으면, 그 절개 부위가 수직으로 벌어지게 됩니다. 마찬가지로 피부도 절개가 이루어지면 벌어질 수밖에 없습니다. 그 정도는 절개 길이, 피부의 탄성, 개개인의 체질에 따라 달라지게 됩니다. 일반적으로 가슴 보형물을 삽입할 때에는 약 3~4.5cm 가량의 절개가 이루어지는데, 이 정도 크기면 수술 후 흉터가 남을 가능성이 높아집니다.

제가 대학병원에서 교수로 재직하던 시절, 흉터로 고민하는 환자들을 많이 만났습니다. 그래서 더더욱 '흉터를 어떻게 하면 줄일 수 있을까'에 대한 고민과 연구를 꾸준히 해왔습니다. 그 결과, 절개 범위를 기존보다 줄여 2~2.5cm 이내의 최소 절개로 수술을 시행하고 있습니다. 이렇게 절개 범위 자체를 줄이면 수술 후 생기는 흉터의 크기와 장력을 동시에 줄일 수 있어, 흉터 부담도 줄어들게 됩니다.

그러나 절개를 작게 했다고 끝이 아닙니다. 수술 후 관리 역시 매우 중요합니다. 우선 충분한 휴식이 필요합니다. 이는 상처 회복과 부기 감소에 가장 기본이 되는 요소입니다. 금연과 금주, 그리고 처방된 약의 꾸준한 복용은 필수입니다.

수술 후 약 3주부터는 보습 관리에 신경을 써야 합니다. 보형물이 삽입되며 피부가 당기고 늘어나게 되면, 피부에는 자연스럽게 장력이 발생하게 되는데요. 이러한 장력이 피부에 흉터를 넓히는 원인이 되기도 합니다. 세안 후 스킨과 로션을 바르지 않았을 때 얼굴이 땅기듯, 수술 부위에도 보습이 필요합니다. 바세린이나 흉터 연고 등을 얇게 발라주는 것이 좋습니다.

또한 자외선 차단은 반드시 지켜야 할 원칙입니다. 수술 직후 자외선에 노출되면 멜라닌 색소가 자극되어 흉터 부위가 검게 착색될 수 있습니다. 최근에는 바디 프로필 촬영을 위해 태닝을 하는 분들도 많지만, 흉터를 생각한다면 태닝은 수술 후 6개월 이후에 진행하는 것이 바람직합니다.

사람마다 흉터가 생기는 양상은 다릅니다. 어떤 분은 붉은 선처럼, 또 어떤 분은 딱딱하고 튀어나와서 도드라지는 켈로이드 형태로 나타나기도 합니다. 이러한 경우에는 흉터 레이저 치료, 색소침착 개선 시술, 또는 흉터 절제 수술을 통해 개선이 가능합니다.

가슴 성형 후 흉터는 피할 수 없는 요소처럼 느껴질 수 있지만, 실제로는 수술 전 절개 계획부터 수술 중 조직의 손상을 줄이는 테크닉, 수술 후 철저한 관리까지 전 과정을 통해 충분히 개선하거나 최소화할 수 있는 부분입니다. 환자 개개인의 피부 상태, 회복 속도, 체질 등을 고려해 맞춤형 접근을 한다면, 흉터 때문에 수술을 망설일 이유는 줄어들 것입니다.

흉터는 성형의 흔적이 아니라, 새로운 삶을 위한 '흔적'이 될 수 있습니다. 하지만 그 흔적이 남지 않도록, 의사와 환자가 함께 만드는 사후 관리 계획이야말로 아름다움의 완성입니다.

여성 성형외과 전문의가 바라본 가슴성형

☑ 변화무쌍한 가슴

여성의 가슴은 평생 변한다. 그러나 그 변화는 대체로 우리가 원할 때 찾아오지 않는다. 사춘기 시절, 남학생들의 시선은 눈을 마주치다가도 자연스레 그 아래를 향했고, 브라는 하루 종일 갈비뼈를 조이는 고문 기구처럼 느껴졌다. 남들보다 빨리 찾아온 이차성징은 자랑이 아니라 난처함이었다. 여름 체육 시간, 하얀 티셔츠를 입고 땀을 흘리던 그 순간, 아마도 대부분의 여성이 '평생 가슴과는 복잡한 관계를 맺겠구나' 하고 직감했을 것이다.

이상하게도, 행복과 가슴의 크기는 종종 비례한다. 임신을 하면 '어머나. 내 인생에 이렇게 풍족했던 적 있었나' 싶을 정도의 변화가 찾아온다. 물론 그 행

복은 잠시뿐이다. 푹푹 찌는 여름에도 생리 주기는 귀신같이 찾아오고, 가슴은 커지다가도 생리가 끝나갈 즘이면 아무 일도 없었다는 듯이 제자리로 돌아간다. 이쯤 되면 우리는 깨닫는다. 내 가슴은 내 마음대로 되는 부위가 아니라는 사실을.

출산과 수유는 행복과 슬픔을 모두 준다. 아기를 품고 모유를 먹일 때의 뿌듯함은 이루 말할 수 없다. 그러나 그 시간이 지나고 거울 앞에 서면, 내 몸은 더 이상 예전 같지 않다. 한때 팽팽했던 곡선은 볼품없이 내려앉고, 예전에 입던 속옷을 입어도 묘하게 달라 보인다. 이러한 변화는 단순히 미적인 문제를 넘어, 자존감에 깊게 영향을 미친다.

☑ 가슴 성형을 전문 분야로 선택한 이유

내가 다양한 수술 중에서도 '가슴 수술'을 선택한 이유를 찾아보자면, 삼성서울병원 전공의 시절로 거슬러 올라간다. 유방암 환자들을 많이 만났다. 가슴을 잃은 여성의 상실감은 단순히 '없어진 부위'의 문제가 아니었다. 그것은 여성으로서의 자존감, 여성으로서의 정체성과 직결된 문제였다.

그때 처음 접한 것이 유방 재건 수술, 특히 자가 조직인 뱃살을 이용해 가슴을 만드는 수술(DIEP freeflap, 심하복벽천공지유리피판술)이었다. 환자의 뱃살로 가슴을 만드는 이 과정은 단순한 '채워 넣기'가 아니었다. 수술 전에 환자분들의 CT 영상을 한 장 한 장 보며 가슴과 뱃살의 부피를 계산하는 것이 전공의에게 주어진 임무였다. 이 수치는 교수님께서 뱃살을 먹여 살릴 혈관 줄기의 개수를 계획하는 데에 중요한 근거로 사용된다. 수술 중에 예측치와 근사한 부피가 나오면 안도함과 동시에 뿌듯함을 느꼈다. 이 복잡한 수술은 아주 오래 걸리고, 새롭게 만들어진 가슴과 배꼽. 그리고 떼어낸 복부의 상처를 봉합하는 데에도 긴 시간이 필요하다.

의도치 않은 수면 박탈과 로딩 과부하로 인생의 암흑기를 겪고 있던 전공의 박선생. 당시에는 내 코가 석 자였다. 교수님께서 수술 도중 "(수술한 쪽과 안 한 쪽 중) 어느 쪽이 더 커?" 하고 물으시면, 나는 졸다가도 깜짝 놀라 대답하면서도 속으로는 '별 차이 안 나는 거 같은데…'라고 생각했다. 그런데 나중에 외래에서 경과를 보니, 그때의 미묘한 차이가 너무나도 선명하게 보였다. 전공의 때는 디테일을 따질 마음의 여유가 없었지만, 내가 집도의가 되어 환자와 처음부터 끝까지 함께하며 경과를 지켜보니 더욱 깨닫게 되었다. 나의 스승님들은 단순히 크기와 모양을 맞춘 것이 아니었다. 그것은 환자의 상실감을 조금이라도 덜어주기 위한, 치밀하고 집요한 '존재의 복원 작업'이었다.

그리고 나는 알게 되었다. 여성의 몸, 여성의 삶, 여성의 마음을 누구보다 잘 아는 의사가 바로 나라는 걸. 그리고 그 사소하지만 디테일한 부분에 집착해야 좋은 결과가 나온다는 것을. 나는 단지 환자의 가슴을 만드는 것이 아니라, 그들의 이야기와 자존감을 함께 복원하는 사람이라는 자부심이 있다. 이것이 내가 이 길을 선택한 가장 큰 이유이다.

☑ 변화의 주인공은 나

요즘은 가슴성형을 받으러 오는 여성들의 모습도 달라졌다. 예전에는 남자 친구 혹은 남편과 함께 와서 "자기는 몇 cc가 좋아?"라고 묻는 분들이 많았다. 하지만 이제는 그런 경우가 드물다. 여성들은 점점 전통적인 역할에서 벗어나, "내 몸은 내가 결정한다"는 태도를 보인다. 지금은 내가 원하는 대로 만드는 것이 대세다. 가슴 성형을 전문으로 하는 의사로서 나는 이러한 변화가 반갑다.

결국 가슴성형은 '내가 보기에 건강하고, 내 마음이 만족하는 것'을 만드는 시대로 바뀌고 있다. 나는 의사로서, 그리고 같은 여성으로서 이 변화를 진심으로 응원한다. 여성의 몸은 여성만이 온전히 이해할 수 있는 영역이 있다. 가슴이 변화하는 과정에서 느끼는 무게감, 불편함, 심리적 복잡함을 나는 직접 경험했고, 그렇기에 환자가 말하지 않아도 짐작할 수 있는 부분이 있다. 이런 점에서 나는 더 깊고 세밀하게 환자의 이야기를 듣고, 안전하면서도 마음까지 만족하는 결과를 만들어줄 수 있다고 믿는다.

에필로그.

– 진짜 아름다움을 찾는 여정을 마치며

이 책을 끝까지 읽어주신 독자 여러분께 진심으로 감사드립니다.

이 책을 덮는 이 순간, 여러분은 아마도 가슴 성형에 대한 오해에서 한 걸음 멀어지고, 그 속에 담긴 진정한 의미와 의학적 원리를 이해하게 되셨을 것입니다. 그리고 특히 겨드랑이 절개술에 대한 편견과 낯설음을 넘어, 실제 사례를 통한 진실에 가까이 다가가셨기를 기대합니다.

이 책은 단순히 가슴 성형의 기술을 설명하는 데서 그치지 않고, 그 수술이 한 사람의 삶에 미치는 변화, 감정, 기대와 불안까지도 함께 들여다보고자 했습니다. 가슴 성형은 단순한 미용의 차원을 넘어서, 오랜 시간 자신을 감추어야 했던 콤플렉스를 극복하고, 새로운 삶의 자신감을 찾는 의미 있는 과정이 될 수 있습니다.

그리고 그 여정의 출발점이자 가장 중요한 것은, 바로 정확한 정보입니다.

오랜 시간, 가슴 성형은 왜곡된 시선과 오해 속에 놓여 있었습니다. 특히 겨드랑이 절개에 대해서는 '흉터가 크다', '재수술이 어렵다', '위험하다'는 등의 근거 없는 불신이 존재했습니다. 하지만 의료 기술은 발전했고, 지금의 내시경을 이용한 겨드랑이 절개술은 정밀하고 안전하며, 무엇보다 흉터 부담을 최소화하면서도 아름다운 결과를 만들 수 있는 수술법으로 자리 잡았습니다.

많은 분들이 알고 있는 것처럼, 요즘의 가슴 성형은 과거처럼 '크게, 글래머러스하게'가 전부가 아닙니다.

자연스럽고, 본인의 체형에 어울리며, 움직임까지 고려한 유연한 가슴을 원하는 분들이 점점 늘어나고 있습니다. 저 역시 진료실에서 마주하는 많은 환자분들과의 상담을 통해 느낍니다.

"예쁘게 봉긋하게, 딱 내 가슴 같았으면 좋겠어요."

그 말 한마디에서 저는 이 수술이 단순한 보형물 삽입 이상의 것이며, 삶의 질과 감정의 영역에까지 연결된다는 것을 느낍니다.

그렇기에 성형외과 전문의의 역할은 단지 수술을 잘 해내는 것에 그치지 않습니다.

환자의 이야기를 듣고, 원하는 삶의 방향을 이해하고, 그에 맞춰 가장 안전하고 적절한 방법을 설계하는 것. 이것이 제가 생각하는 진정한 가슴 성형입니다.

이 책은 그러한 철학 속에서 쓰였습니다. SNS나 인터넷에는 정말 많은 정보들이 떠다닙니다. 그 중에는 정확한 것도 있지만, 상업적 목적에 따라 과장되거나 왜곡된 정보도 있습니다. 그렇기 때문에 환자와 의료진 사이의 '신뢰'가 더욱 중요해졌습니다.

여러분이 가슴 성형 수술을 고민하고 있다면, 반드시 신뢰할 수 있는 전문가와 충분히 상담하시고, 자신에게 맞는 방법을 함께 찾아가시길 바랍니다.

마지막으로 저는 이 책을 통해 단순히 '예쁜 가슴'이 아닌, 그 속에 담긴 자신감, 삶의 변화, 그리고 자기 자신을 사랑하는 힘에 대해 말하고 싶었습니다.

가슴 성형은 누군가에겐 용기였고, 누군가에겐 회복이었으며, 또 다른 누군가에겐 새로운 시작이었습니다.

여러분 모두가 이 책을 통해 '진짜 아름다움'이란 무엇인지, 그리고 그것이 단지 외형에 있지 않다는 사실을 느끼셨기를 바랍니다.

앞으로도 건강하고 행복한 삶 속에서, 스스로를 더 사랑할 수 있기를 진심으로 응원합니다. 고맙습니다.

김 우 정 원장 (드림)

가슴성형, 1만케이스의 법칙

초판 1쇄 인쇄 | 2026년 4월 10일

지 은 이 | 우아 성형외과 김우정

편집 기획 | 장광호

디 자 인 | 이지연

발 행 처 | 청춘미디어

출판등록 | 제2014년 7월 24일, 제2014-02호

전   화 | 010) 3630 -1353

팩   스 | 02) 6918-4190

메   일 | stevenjangs@gmail.com

I S B N | 979-11-9343-0118

책값 9,900원 (구천 구백 원)